स्वीकार का जादू

स्वीकार का जादू

तुरंत खुशी कैसे पाएँ

INSTANT HAPPINESS HERE & NOW

सरश्री

प्रभात प्रकाशन

प्रभात प्रकाशन प्रा. लि.
4/19 आसफ अली रोड, नई दिल्ली–110002
फोन : 23289777 • हेल्पलाइन नं. : 7827007777
इ–मेल : prabhatbooks@gmail.com ❖ वेब ठिकाना : www.prabhatbooks.com

संस्करण
2025

मूल्य
दो सौ पचास रुपए

मुद्रक
नरुला प्रिंटर्स, दिल्ली

—————— ★ ——————

SWEEKAR KA JADOO
by Sirshree

Published by **PRABHAT PRAKASHAN PVT. LTD.**
4/19 Asaf Ali Road, New Delhi-110002

ISBN 978-81-7315-742-4

₹ 250.00

तुरंत खुशी पाने के चौदह भाग

प्रस्तावना

स्वीकार को स्वीकार करें

यह पुस्तक जादू से भरी हुई रोमांचकारी पुस्तक नहीं है। यह बिलकुल साधारण पुस्तक है। आप इस पुस्तक को असाधारण जादुई पुस्तक बना सकते हैं। यदि आप इस पुस्तक को खुले मन से, बिना अनुमान लगाए पढ़ेंगे और इसमें बताए गए सूत्र, मंत्र एवं मुद्रा का उपयोग करेंगे तो यह पुस्तक ऊपर बताए गए दावे के अनुसार काम करेगी।

इस पुस्तक को पढ़ते समय कुछ बातें आपको यदि समझ में न आएँ तो उन्हें स्वीकार करें अथवा कुछ समय तक उन बातों को अपने मस्तिष्क के पार्किंग क्षेत्र में अर्थात् एक ओर को रखें। कुछ समय उपरांत जब आप इस पुस्तक के सूत्र, मंत्र और मुद्रा पर अमल करने लगेंगे तब वे बातें भी आपकी समझ में आने लगेंगी।

पुस्तक के कुछ उदाहरण पढ़ते ही आपका मन यह कह सकता है कि 'यह सब करना सरल नहीं है। जीवन इतना आसान नहीं है। तुरंत खुशी पाना संभव नहीं है।' लेकिन आप पुस्तक पर अमल किए बिना अपनी कोई भी राय कायम न करें। अपनी तर्क-बुद्धि को कुछ समय तक एक तरफ रखकर छोटे-छोटे प्रयोग, जो इस पुस्तक में बताए गए हैं, जरूर करें। इस छोटी सी कहानी को पढ़कर यह शुरुआत करें।

यदि यह कहानी एक राजा की है, जिसके कोई संतान नहीं थी, तो हम इस कहानी को तुरंत स्वीकार करेंगे। यदि कहानी जंगल के राजा शेर की है तो उसे स्वीकार करने में हमें कोई परेशानी नहीं होती। कहानी अगर परी और राजकुमार की है तो हम ऐसी कहानियों को बचपन से सुनते आए हैं। किसी गरीब की कहानी, जो आगे चलकर अमीर बना, हम सबको प्रेरणा देती है; लेकिन उस कहानी के बारे में आप क्या कहेंगे, जिसमें एक कार का झगड़ा सुई से होता है!

कार और सुई में इस बात पर झगड़ा हुआ कि कौन महान् है? दोनों की मुलाकात एक जादूगर से हुई, जिसने दोनों के तर्क सुनकर अपने मंत्र द्वारा दोनों को जोड़कर एक कर दिया। अब वह कार 'स्वीकार का जादू' कहलाती है। है न ऊटपटाँग कहानी! क्या आपको यह कहानी स्वीकार है? यदि नहीं तो इसे अपने मस्तिष्क के पार्किंग क्षेत्र में रखें। पूरी पुस्तक पढ़ने के बाद इस कहानी को फिर से एक बार पढ़ें। आपको तुरंत अंतर महसूस होगा। तब तक आगे दी गई दूसरी कहानी पढ़ें। यह कहानी शायद आप थोड़ी स्वीकार कर पाएँ।

एक अमीर इनसान ने अपनी सारी दौलत कहीं छिपाकर रखी थी। वह

रोजाना उस स्थान पर जाता था और अपनी दौलत निकालकर कुछ देर तक देखा करता था। अपनी छिपाई हुई दौलत देखकर वह बड़ी खुशी महसूस करता था और फिर से उसे छिपाकर वापस घर आ जाता था। वह रोज ऐसा ही करता था। उसकी खुशी केवल इसी बात में थी।

हर इनसान असली खुशी की तलाश में भटक रहा है। असली खुशी न पाकर वह उसे धन–दौलत, मान–सम्मान, पद–प्रतिष्ठा, नाम–शोहरत, सुख–सुविधा, मनमाने–मनोरंजन में ढूँढ़ता है। तो क्या खुशी ऊपर दी गई बातों से मिल सकती है? क्या खुशी चीजों को छिपाकर रखने से मिल सकती है? नहीं, असली खुशी मन के पार, इच्छाओं के पीछे, इनसान की पूर्व अवस्था में छिपी हुई है। उस अवस्था तक पहुँचने का सूत्र स्वीकार भाव से शुरू होता है।

कहानी का किरदार, वह अमीर इनसान ये बातें नहीं जानता था। इसलिए जब एक दिन उसकी सारी दौलत चोरी हो गई तब वह दुःखी होकर रोने लगा। उस अमीर इनसान को रोते देख एक समझदार इनसान, जो वहाँ से गुजर रहा था, वहाँ आया और उस अमीर इनसान से पूछा, 'तुम क्यों रो रहे हो?' अमीर इनसान ने उसे बताया कि 'मेरी सारी दौलत चोरी हो गई है, इसलिए मैं रो रहा हूँ। मैं रोज यहाँ आता था और अपनी दौलत को देखकर खुश होता था। अब मेरी खुशी लुट गई है। अब मैं कभी खुशी प्राप्त नहीं कर पाऊँगा।' सारी बातें सुनकर समझदार इनसान ने अमीर इनसान को खुशी का उपाय बताया।

समझदार इनसान ने अमीर इनसान से कहा, 'सबसे पहले चोरी की इस घटना को स्वीकार करो और कहो कि इस चोरी के बावजूद मैं खुश रह सकता हूँ।'

अमीर इनसान ने स्वीकार की बात को बिलकुल अस्वीकार कर दिया। अमीर इनसान के अस्वीकार को देखकर समझदार इनसान ने उसे यूँ समझाया—

'तुम अपनी दौलत को इस्तेमाल नहीं कर रहे थे, सिर्फ रोज उसे देखकर खुश होते थे। अब भी रोज तुम्हें वैसा ही करना है। रोज यहाँ आकर, गड्ढे को खोदकर, दौलत का थैला देखकर खुश होते रहना है।' अमीर

इनसान की समझ से ये सारी बातें बाहर थीं। वह आश्चर्यचकित रहकर समझदार इनसान की बातें सुनता रहा।

समझदार इनसान ने उससे आगे कहा, 'तुम यह समझ लो कि पैसा अब भी थैले में है। पैसे तो तुम इस्तेमाल करनेवाले नहीं थे। जैसे एक गंजा इनसान कंघी का इस्तेमाल ही नहीं करता तो इसका अर्थ यह है कि वह कंघी को सिर्फ देख सकता है, उसका इस्तेमाल नहीं कर सकता। ठीक वैसे ही जब तुम अपनी दौलत का इस्तेमाल ही नहीं कर रहे थे तो अब उसके चोरी होने पर तुम्हें रोने की आवश्यकता नहीं है। पहले की तरह तुम गड्ढे के स्थान को आकर देखना और यह समझकर खुश होना कि इसमें अब भी तुम्हारी दौलत है।'

समझदार इनसान की तर्क असंगत बातें सुनकर वह अमीर इनसान चौंक गया। काफी देर मनन करने के बाद उसे उस समझदार इनसान की बात समझ में आने लगी। जो चीज हम इस्तेमाल करते हैं, उसी का महत्त्व हमारे जीवन में होना चाहिए। जो महत्त्वपूर्ण चीजें हमारे पास नहीं हैं, उन्हें प्राप्त करने का प्रयास हमें करना चाहिए। कुछ महत्त्वपूर्ण चीजें हमें यदि न मिल पाएँ तो इस बात को स्वीकार करना चाहिए। मन कहेगा, 'यह आसान नहीं है'; लेकिन स्वीकार के जादू से, जो इस पुस्तक में आपको मिलनेवाला है, जो आप ही इस पुस्तक में पैदा करने वाले हैं, संभव है।

अमीर इनसान की कहानी में आगे क्या हुआ, यह किसी को पता नहीं है; लेकिन आपकी कहानी में आगे जो होनेवाला है, उसका चुनाव आपको करना है। आप स्वीकार के जादू से खुशी का खजाना पाएँगे या अस्वीकार के शाप से अपने जीवन में शिकायतें ही करते रह जाएँगे, यह फैसला करना अब आपके हाथ में है। यह पुस्तक 'स्वीकार का जादू—तुरंत खुशी कैसे पाएँ' सही चुनाव करने में आपकी मदद करेगी।

इस पुस्तक की प्रस्तावना अलग ढंग से, अतार्किक तरीके से लिखी गई है, इसलिए सबसे पहले इसे स्वीकार करें और स्वीकार के जादू को अपने जीवन में स्थान दें।

इसके अतिरिक्त इस पुस्तक के पहले भाग में दी गई नकली हार की कहानी से आप जानेंगे कि आपको समस्या का असली हल चाहिए या नकली? यह पुस्तक पढ़कर आपको यह निर्णय लेना है कि क्या आपको असली हार की तरह असली खुशी चाहिए या नकली हार जैसी नकली खुशी?

इस पुस्तक में सात प्रकार की खुशियाँ और खुशी का असली कारण बताया गया है। खुशी का असली कारण जानकर नकली कारण मिट जाएगा, जिस वजह से आप असली खुशी पाकर संतुष्टि महसूस करेंगे। इन सात प्रकार की खुशियों में से आप कौन सी खुशी चुनें, यह चुनाव आपके हाथ में है। पहले प्रकार की खुशी—किसी को ठगकर पैसे प्राप्त करने पर मिलनेवाली खुशी झूठी खुशी होती है। दूसरे प्रकार की खुशी—दूसरों को चिढ़ाकर, सताकर मिलनेवाली खुशी नकली खुशी होती है। तीसरे प्रकार की खुशी—पार्टी, अखबार, मेले, इच्छापूर्ति से मिलनेवाली खुशी 'उत्तेजन खुशी' कहलाती है। चौथे प्रकार की खुशी—दो खुशियों को जोड़कर मिलनेवाली खुशी फॉर्मूला खुशी का रूप होती है, जैसे—छुट्टी + पिकनिक = खुशी, स्वादिष्ट खाना + टी.वी. = आनंद। पाँचवें प्रकार की खुशी सेवा से प्राप्त हुई खुशी होती है। छठे प्रकार की खुशी दिव्य भक्ति की खुशी होती है। सातवें प्रकार की खुशी स्वानुभव की खुशी होती है।

जब हम स्वानुभव प्राप्त करेंगे तब हमें पता चलेगा कि एक ऐसी चीज है, जो सभी शरीरों में एक समान है। उसी चीज से हम सब जुड़े हुए हैं, फिर चाहे बाहर से हम अलग-अलग लगते हों। उसी खुशी को सातवीं खुशी कहा गया है, जो स्वानुभव से प्राप्त होती है। उसके लिए हमें कुछ बातें गहराई से समझनी होंगी, स्वयं को जानने की खुशी प्राप्त करनी होगी[1]।

आपको यह समझना होगा कि जो शरीर आप इस्तेमाल कर रहे हैं, वह शरीर आप नहीं हैं। आपके अंदर अपने आपको शरीर मानने की मान्यता बैठ गई है। मान्यताएँ यानी मन की गलत धारणाएँ। इनसान का दुःख उसकी दिशाहीन कल्पना और ज्ञान-रहित मान्यता का कारण है। इनसान का मन

मान्यताओं, झूठी कल्पनाओं, धोखा देनेवाली धारणाओं से भरा हुआ होता है। जब तक यह मन इन कारणों, मान्यताओं और कल्पनाओं[2] से खाली नहीं हो जाता तब तक खुशी को इस मन में जगह नहीं मिलती।

इनसान डर और असुरक्षा की भावना के कारण अपने जीवन में सिकुड़ गया है। इस सिकुड़न से सिकुड़ते-सिकुड़ते वह इतना सिकुड़ गया है कि शरीर के साथ-साथ विचार, बुद्धि, मन से भी सिकुड़ गया है। इस सिकुड़न से बाहर आकर खिलकर, खुलकर जीने के लिए इनसान को बिना कारणोंवाली खुशी प्राप्त करनी होगी[3]।

आइए, उसी खुशी की ओर स्वीकार का जादू सीखकर पहला कदम उठाएँ। स्वीकार को स्वीकार किया, इसके लिए आपका धन्यवाद!

—सरश्री

---

1. स्वयं को जानने की खुशी पढ़ें—खंड 2, भाग 10
2. मान्यताओं और कोरी कल्पनाओं को विस्तार से जानें—खंड 2, भाग 11
3. बिना कारणोंवाली खुशी जानने के लिए पढ़ें—खंड 2, भाग 14

पुस्तक का पूरा लाभ कैसे लें ?

'स्वीकार का जादू', यह संदेश तेजगुरु सरश्री द्वारा दिया गया ऐसा संदेश है, जो हजारों-लाखों लोगों ने सुना, समझा और अपनाया है। यह पुस्तक इसी संदेश को आप तक पहुँचाने के लिए तैयार की गई है। यह संदेश जल्द ही आपके लिए जीवन का मूलमंत्र बन जाएगा।

इस संदेश को सभी शहरों में अलग-अलग कार्यक्रमों द्वारा तथा टी.वी. और रेडियो द्वारा प्रसारित किया जा रहा है। आज के तनावपूर्ण जीवन में यह संदेश रोशनी की एक छोटी सी किरण है। इस किरण द्वारा आप ज्ञान के सूरज तक आसानी से पहुँच सकते हैं।

1. इस पुस्तक के पहले खंड के भाग 3 व 4 में तुरंत खुशी पाने के दो कदम दिए गए हैं। इन दो कदमों द्वारा आप अपने जीवन की हर समस्या को स्वीकार करके उसे अपने विकास के लिए सीढ़ी बना पाएँगे और अपने जीवन में आई सभी समस्याओं को सकारात्मक दृष्टिकोण से देखने लगेंगे।
2. पुस्तक के पहले खंड के भाग 5 में तीन महत्त्वपूर्ण सवालों द्वारा स्वीकार का विस्तार किया गया है। ये तीन सवाल किसी भी समस्या या घटना को स्वीकार करने के लिए शक्तिशाली उपाय हैं।
3. इस पुस्तक में खंड 1 के भाग 2 में अपनी सिकुड़न से बाहर आकर तथा खुलकर जीने के लिए एक प्रयोग दिया गया है। यह प्रयोग आप

स्वयं आजमाकर देख सकते हैं।

4. सुबह आँखें खुलते ही जो विचार आपके अंदर प्रवेश करते हैं, उन्हें कहा जाता है—'विचारों के डाकू अंदर घुस आए।' इन विचारों के डाकुओं पर हमारी रोक क्यों नहीं है? ये डाकू क्यों आते हैं? हमारे अंदर ऐसा क्या है, जो इन्हें आमंत्रित करता है? इन सभी बातों को विस्तार से समझें खंड 2, भाग 13 में।

5. इनसान इस भ्रम में जीता है कि इच्छा पूर्ण होने से खुशी प्राप्त होती है; मगर तेजज्ञान में इसके पीछे छिपी हुई लुप्त कड़ी (मिसिंग लिंक) पर प्रकाश डाला गया है। इसका स्पष्टीकरण खंड 2, भाग 12 में चित्रों के सहारे चार भागों में दिया गया है। इन चित्रों पर गौर से मनन करें और खुशी का रहस्य जानें।

 इस भाग में चित्रों द्वारा दरशाया गया है कि मन की इच्छाओं की दीवार, जो दुःख का कारण है, कैसे हटे और ईश्वर (सत्य) दर्शन कैसे हो। देखें, पृष्ठ संख्या 87, 89, 91, 93।

6. यह पुस्तक प्रत्येक के लिए उपयोगी है, फिर वह गृहिणी हो या विद्यार्थी, नौकरी करनेवाला हो या व्यापारी, बूढ़ा हो या जवान। इस पुस्तक द्वारा प्रत्येक व्यक्ति अपना आत्मनिरीक्षण कर सकता है। इसमें उन अनेक पहलुओं, घटनाओं का समावेश किया गया है, जो हमारे प्रतिदिन की दिनचर्या में आते हैं।

7. सात प्रकार की खुशियों को जानने के लिए पढ़ें खंड 2, भाग 9।

8. पुस्तक के अंत में ज्ञान और तेजज्ञान में क्या फर्क है, तेजज्ञान फाउंडेशन की विस्तृत जानकारी, सरश्री की अनेक पुस्तकों की जानकारी तथा महाआसमानी महानिवासी शिविर का महत्त्व बताया गया है, जिन्हें पढ़कर आप अपने जीवन को आगे की दिशा दे सकेंगे।

खंड 1

स्वीकार और खुशी पाने का मार्ग

हँसने के साथ समस्या छोटी हो जाती है और समाधान तुरंत दिखाई देता है।

भाग 1

कुदरत का कार्य जादू है

हम असली खुशी बदल नहीं सकते

कुदरत का कार्य जादू है, आश्चर्य है। कैसे? यहाँ खाइयाँ हैं तो पहाड़ी की ऊँचाइयाँ भी हैं। यहाँ बीमारियाँ हैं तो कुदरती दवाइयाँ भी हैं। शरीर की सीमाएँ हैं तो सागर का विस्तार भी है। समस्या की हार है तो हल की जीत भी है।

हर समस्या का हल सहज, सरल और सीधा है। जरूरत है केवल कुदरत के ढंग को स्वीकार करने की; क्योंकि स्वीकार के साथ खुशी का गहरा रिश्ता है। तो आइए, इस स्वीकार के जादू को कुदरत से सीखना शुरू करें।

सबसे पहले अपने आपसे यह सवाल पूछें, 'क्या हम समस्या का ऐसा हल चाहते हैं, जो केवल सही दिखाई दे, लेकिन वह सही न हो, गलत हो?' क्या आपको यह सवाल समझ में नहीं आया? तो पहले आगे लिखित एक अनोखी कहानी पढ़ें—

रामलाल की पत्नी पहली बार मायके जा रही थी। पत्नी ने सोचा, 'मैं

पहली बार मायके जा रही हूँ तो क्यों न कुछ नया खरीदकर अपने साथ ले जाऊँ। कोई साड़ी, कोई ड्रेस।' अपनी इस सोच को हकीकत में बदलने के लिए उसने अपने पति से इस विषय पर बात की। रामलाल ने जब उसे खरीददारी करने की इजाजत दे दी तब उसने नए उपहार की जिद की और कहा, 'मुझे सोने का हार मिल जाय तो मायके में मेरी बहुत तारीफ होगी।'

'उतने पैसे तो मेरे पास नहीं हैं। अब मैं क्या करूँ?' रामलाल ने कहा।

रामलाल की पत्नी ने कहा, 'मेरी जो सोने की दो चूड़ियाँ हैं, उन चूड़ियों को बेचकर तुम हार खरीद लाओ।'

अपनी पत्नी के कहने पर रामलाल सोने की उन दो चूड़ियों को लेकर सुनार के पास गया। सुनार ने कहा, 'सिर्फ दो चूड़ियों से थोड़े ही हार बनता है! उसके लिए तो बहुत सोना चाहिए।' यह सुनकर रामलाल सोच में पड़ गया कि अब मैं क्या करूँ? तब सुनार ने उसे कुछ नकली हार दिखाए, जो असली लगते थे, सोने के जैसे लगते थे। सुनार ने कहा, 'फिलहाल तुम इनसे काम चलाओ।' इस पर रामलाल मान गया और कहा, 'ठीक है।' इस तरह उसी पैसे से वह बढ़िया सा असली लगनेवाला एक नकली हार लेकर घर आया। उसने घर आकर पत्नी को हकीकत बताई कि 'वैसे तो यह हार नकली है; मगर अभी तुम इससे ही काम चलाओ, मायके जाकर आओ। आगे चलकर मैं तुम्हें असली हार भी बनवा दूँगा।' पत्नी ने रामलाल की मजबूरी समझते हुए कहा, 'ठीक है।' वह समझदार थी, इसलिए मान गई।

वह नकली हार पहनकर मायके गई। वहाँ उसने सबको बताया कि उसका हार असली है; क्योंकि शान कम नहीं होनी चाहिए, वरना उसे सम्मान कैसे मिलता?

मायके में उसकी भाभी (भाई की पत्नी) भी थी। उसने अपनी ननद का हार देखा। उसे वह हार बहुत पसंद आया। उसने अपने पति शामलाल से वैसे ही हार की माँग की। पति ने कहा, 'ठीक है।' वह भी सुनार के पास गया। फिर सुनार ने उससे कहा, 'देखो, आजकल नकली का जमाना है, बहुत चलता है। नकली हार ले जाकर देखो, शायद तुम्हारी पत्नी को पसंद

आ जाय।' इस तरह शामलाल ने भी पैसे कम होने की वजह से लगभग वैसा ही दीखता हुआ नकली हार खरीद लिया। वह हार लेकर घर आया। उसने भी पत्नी को हकीकत बताई कि 'देखो, यह नकली हार है; मगर फिलहाल तुम्हारा काम हो जाएगा। तुम्हें मेरी बहन को देख-देखकर जो जलन होती थी, वह तो अब नहीं होगी।' इस पर उसकी पत्नी भी मान गई और कहा, 'ठीक है।'

एक दिन रामलाल की पत्नी नहाने गई तो उसकी भाभी ने अपने हार से उसका हार बदल दिया और यह सोचकर बड़ी खुश हो गई कि 'अब मेरे पास असली हार आ गया।' दूसरे दिन रामलाल की पत्नी ने यह सोचकर कि उसकी भाभी का हार असली है, मौका देखकर अपना हार बदल दिया। उसे भी तसल्ली हुई कि मेरे पास असली हार है। इस तरह दोनों जिंदगी भर इसी भ्रम में थीं कि 'मेरे पास असली हार है'। मगर आप जानते हैं कि वे दोनों हमेशा नकली हार पहनकर जीती रहीं। उनका पूरा जीवन एक अवास्तविक खुशी को प्राप्त करके खत्म हुआ।

यह उदाहरण पढ़कर आपको लगा होगा कि कितनी मूर्ख थीं वे दोनों; मगर कई लोगों का जीवन भी ऐसी ही झूठी खुशी प्राप्त करने में बीत जाता है। वास्तविक खुशी क्या है, यह उन्हें कभी पता ही नहीं चलता। क्या ऐसा समाधान हम चाहते हैं कि लगता रहे, असली है, पर असली नहीं है? हम बाहर की दुनिया में देखेंगे तो इस तरह की खुशी में लोग लगे हुए हैं, पर असली आनंद, असली खुशी जो है, वह बदलनेवाली नहीं है। वह अपने पास ही है। उसे किसी और से बदलने की जरूरत ही नहीं है, क्योंकि वह असली है। ऐसा समाधान अगर हमें मिलता है तो उसका जो आनंद है, वही वास्तविक आनंद है।

□

गुरु दुःख एवं आनंद के बीच में खड़े हैं और इशारे से तेज आनंद का रास्ता दिखाते हैं।

भाग 2

विश्व की पहली जरूरत

खिलना, खुलना, तुरंत खुशी प्राप्त करना

विश्व में तीन तरह के लोग हैं—सिकुड़े हुए, अटके हुए और खुले हुए। तेजज्ञान फाउंडेशन में ऐसे लोगों के खिलने, खुलने पर काम होता है।

1. सिकुड़े हुए लोग—जो सिकुड़े हुए लोग हैं, उनके लिए तेजज्ञान जादू का काम करता है। उन्हें महान् आश्चर्य होता है कि हम इतने दिन कैसे जिए? कैसे सिकुड़न में जिए? अब तक तो जिए ही नहीं, हमेशा डर-डरकर ही जिए। उन्हें ये सब (ज्ञान) जादू और आश्चर्य लगता है।

2. अटके हुए—जो अटके हुए लोग हैं, उनके लिए तेजज्ञान झाड़ू का काम करता है, यानी उनके अंदर से कुछ ऐसे ब्लॉक्स, कुछ छोटी-छोटी बातें, जो दबी हुई हैं, उन्हें निकालता है। कई बार बड़े-बड़े पैटर्न्स (गलत संस्कार) टूट जाते हैं; मगर किसी छोटी बात में इनसान अटकता

रहता है, जिसे कहा गया है—'हाथी निकल गया, मगर पूँछ अटक गई'। ये अटके हुए हैं; न इधर जा रहे हैं और न उधर जा रहे हैं। उनमें जो थोड़ा सा मान्यताओं का जाला फँस गया है, उसे झाड़ू से हटाया जाता है।

3. खुले हुए, जो पहले से ही खुले हुए लोग हैं, उन्हें थोड़ा सा भी धक्का मिला तो वे और खुल जाते हैं। उनके लिए तेजज्ञान जहाज का काम करता है। जहाज यानी हेलिकॉप्टर के दृष्टिकोण से देखना। जैसे मुंबई में यहाँ-वहाँ से रास्ते निकलते हैं; किधर से जाते हैं, किधर से आते हैं, पता ही नहीं चलता। मगर वही दृश्य जब ऊपर से, हेलिकॉप्टर से देखते हैं तो सारे रास्ते एक साथ दिखाई देते हैं। ऐसे में तेजज्ञान हेलिकॉप्टर से दूरदर्शिता दिखाने का कार्य करता है।

इसके अतिरिक्त तेजज्ञान में इस सिकुड़न से बाहर आने की समझ दी जाती है। सिकुड़न का कारण क्या है, यह बताया जाता है। जानवर क्यों नहीं सिकुड़ते? बच्चे क्यों नहीं सिकुड़ते? वे तो खुले रहकर टहलते हैं, खुलकर सभी काम करते हैं। बच्चे भी खुले हुए हैं; मगर जब वे बड़े हो जाते हैं तो बंद होने लगते हैं, सिकुड़ने लगते हैं। यह सिकुड़न कैसे आती है?

जैसे कोई ठंडा पानी आप पर ऊपर से डाले तो शरीर सिकुड़ जाता है, वैसे ही कोई अनचाहा मेहमान आ गया तो उसके सामने आप जैसे बैठते हैं, उससे समझ में आएगा कि सिकुड़न क्या होती है। आप जा रहे हैं और दो लोग आपको देखकर हँस रहे हैं तो आपको कैसा लगता है? वहाँ पर आप तुरंत सिकुड़ जाते हैं। जब आपकी आत्मछवि पर प्रहार होता है तब आप सिकुड़ जाते हैं। आपको लगता है कि सिकुड़कर हम अपने आपको बचा रहे हैं; पर आपको पता नहीं है कि आप एक गलत आदत तैयार कर रहे हैं। बचपन में अज्ञान था, स्कूल-कॉलेज में भी गए तो अज्ञान था; मगर आज ज्ञान की वजह से आप खुलने लग जाएँगे। सिकुड़न यानी किसी ने आपका काम नहीं किया तो आप सिकुड़ जाते हैं। कोई कार से जा रहा है या गाड़ी से जा

रहा है और आपको बगल से डैश (कट) मारकर गया तो आप तुरंत सिकुड़ जाते हैं। ये अलग-अलग उदाहरण थे, जो बताते हैं कि कैसे हम डर और असुरक्षा की वजह से सिकुड़ जाते हैं। यह सिकुड़न कैसे हटे, इसके लिए एक प्रयोग बताया गया है। खुलने का आनंद महसूस करने के लिए अभी, इसी समय यह पुस्तक एक ओर रखकर नीचे दिया गया प्रयोग करें, क्योंकि हमें खुलने का आनंद महसूस करना है।

हाथ खोलने का प्रयोग

जब भी आप बैठें तो आत्मनिरीक्षण करें कि 'हम कैसे बैठे हैं?' यदि ऐसा अनुभव हुआ कि हम गलत ढंग से बैठे हैं तो अब जरा खुलकर बैठेंगे, दोनों हाथों को जरा खोल देंगे; खुशी क्या होती है, यह अंदर महसूस करेंगे। अपनी दोनों बाँहों को ऊपर उठाकर फैलाएँगे। यह प्रयोग करने के बाद मनन करें कि—

1. क्या आपको यह करते हुए अच्छा लगा?
2. क्या आप अपने आपको खुला महसूस कर पाए?
3. इस प्रयोग से क्या आप अपने आपको सिकुड़न से आजाद महसूस कर पाए? या अपने अंदर कुछ अजीब महसूस कर पाए?

4. यह प्रयोग आपको सौ लोगों के बीच करने को कहा गया होता तो आपको कैसा लगता? क्या सभी के सामने आपको हिचकिचाहट महसूस होती? क्या आपको अजीब लगता? जो भी लग रहा है, उसे महसूस करें।

कई बार भीड़ में हम ऐसे प्रयोग करने से डरते हैं कि छह सौ लोग हैं तो बारह सौ आँखें हमारी तरफ देखेंगी, यह सोचकर हमें डर लगता है और हम सिकुड़ जाते हैं; क्योंकि कोई और हमें देख रहा होता है तो हम सिकुड़ते जाते हैं। हम कभी खुलकर जिए ही नहीं, खुलकर कभी चले ही नहीं। खुलना क्या है, यह जब हमें समझ में आएगा तब असली खुशी प्रकट होगी। अतः आज से ही यह प्रयोग शुरू करें, तुरंत खुशी पानी है तो इस सिकुड़न को तोड़ें।

यह प्रयोग करते हुए सामान्य बुद्धि (कॉमन सेंस) का जरूर इस्तेमाल करें कि कहाँ पर यह प्रयोग कर सकते हैं। ऐसा वातावरण चुनें, जहाँ पर आप आसानी से यह प्रयोग कर सकते हैं। दूसरों के सामने आपको नॉर्मल चलना है; मगर कभी-कभी अकेले हैं तो हाथ खोलकर देखें। टैरेस पर जाकर हाथ खोलकर देखें। बाहर लोगों में हैं तो तनकर, अकड़कर नहीं चलना है—कॉमन सेंस हमेशा ध्यान में रखें। कुछ लोग कॉमन सेंस नहीं रखते हैं और कहते हैं कि हम तो ऐसे ही कर रहे थे तो दो-चार थप्पड़ पड़ गए। आपको ऐसा नहीं बताया गया। आपको कहा गया कि बीच-बीच में अपने आपको चेक करें कि हम कैसे बैठे हैं? खुलकर बैठे हैं या सिकुड़कर बैठे हैं? और अगर लगे कि सिकुड़कर बैठे हैं तो आराम से बैठें, ढीला होकर बैठें। हम जो हिचकिचाहट के साथ जी रहे हैं, वह बंद हो जाए, अब खुल जाएँ। फिर खुलने में जो आनंद है, वह हमें महसूस होगा। शरीर को तो हम ज्यादा मोटा नहीं कर पाएँगे, मगर मन से हम पूरे ब्रह्मांड में छा सकते हैं। उसे हम जितना चाहें, बड़ा कर सकते हैं। खुशी में हम खुलते हैं, दुःख में सिकुड़ते हैं। हमें सिकुड़न से लेकर फैलने तक पहुँचना है और उसके बीच में जो अंतर है, उसे पूरा करना है। वरना कुछ लोगों का पूरा जीवन उस अंतराल के बीच में चला जाता है।

□

आनंद (मौन) बनकर ही आनंद को जान सकते हैं।
ईश्वर में खोकर ही ईश्वर को पा सकते हैं।

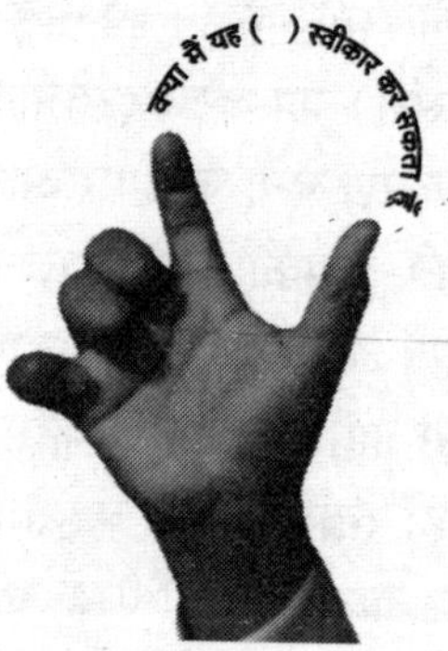

भाग 3

तुरंत खुशी पाने का पहला कदम

'क्या मैं यह स्वीकार कर सकता हूँ?'

तुरंत खुशी पाने के लिए एक छोटा सा मगर महत्त्वपूर्ण मंत्र है, जो आपको दोहराना है। जब आप सिकुड़े हुए हैं तो आपको यह मंत्र दोहराना है। जब भी जीवन में कुछ घटनाएँ होती हैं, दुःख आता है तो वे छोटी-छोटी घटनाएँ भी हमारा हृदय (हमें) बंद कर देती हैं, दुःख लाती हैं। उस दुःख से हमें बाहर निकलने के लिए यह मंत्र इस्तेमाल करना है। मंत्र है—'क्या मैं यह स्वीकार कर सकता हूँ ?' अपने हाथ का इशारा, मुद्रा ब्रैकेट (   ) का प्रतीक है। लिखते समय हम कुछ ब्रैकेट में भी लिखते हैं, 'क्या मैं यह स्वीकार कर सकता हूँ?' 'यह' यानी जो इस वक्त घटना चल रही है। जो बाहर या आपके दिमाग में चल रहा है, वह आपको इस ब्रैकेट (   ) में डालना है।

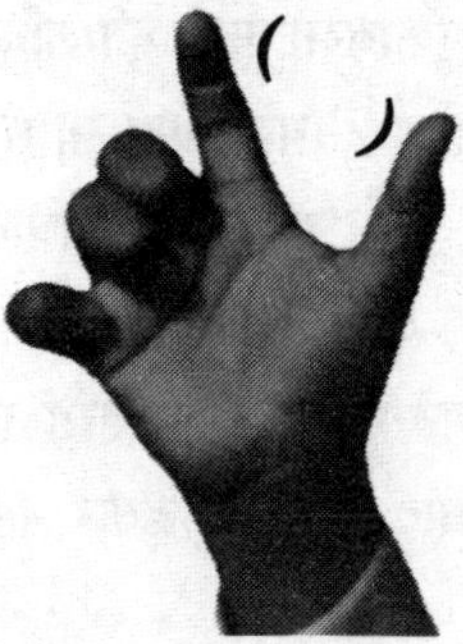

जैसे कोई घटना हो गई, जो आपको पसंद नहीं आई तो अपने आपसे पूछें, 'क्या मैं यह स्वीकार कर सकता हूँ?' (यह यानी वह घटना) इसे कुछ और उदाहरणों द्वारा समझें।

जब भी यह मंत्र दोहराएँ तब अपने अँगूठे व पहली अँगुली को पुस्तक के अंतिम पृष्ठ पर दिए गए हाथ के चित्र अथवा सामने दी गई मुद्रा के अनुसार ब्रैकेट बनाएँ। इस तरह हाथ की एक छोटी मुद्रा आपको तुरंत स्वीकार भाव की दशा में ले जाएगी।

1. आप लिफ्ट के लिए रुके हैं और लिफ्ट नीचे आ ही नहीं रही है, देर हो रही है। आपको अंदर से कुछ बुरा लग रहा है तो अपने आपसे पूछें, 'क्या मैं यह स्वीकार कर सकता हूँ?' जवाब आएगा, 'हाँ, कर सकता हूँ, क्यों नहीं कर सकता!' तो आप तुरंत रिलैक्स हो जाएँगे। जो तनाव शरीर के अंदर था, वह दूर हो जाएगा; क्योंकि हमें पता ही नहीं है, होश ही नहीं है तो बार-बार हम सिकुड़ जाते हैं।
2. किसी को आपने फोन किया है। वहाँ घंटी बराबर बज रही है और कोई उठा ही नहीं रहा है तो आप उतावले हो जाते हैं कि 'जल्दी उठाए, जल्दी उठाए'। ऐसे समय में अपने आपसे पूछें, 'क्या मैं यह (सामनेवाले का फोन जल्दी न उठाना) स्वीकार कर सकता हूँ?' जवाब आएगा, 'हाँ, कर सकता हूँ।' तो आप आराम से घंटी सुन सकते हैं।
3. ऐसी छोटी-छोटी बहुत सी बातें हैं, जिनसे मन परेशान होता रहता है। फलाँ चीज गिर गई और टूट गई तो भी हम परेशान हो जाते हैं। उस वक्त यह मंत्र दोहराएँ, 'क्या मैं यह स्वीकार कर सकता हूँ?' आपको जवाब मिलेगा, 'कर सकता हूँ' और ब्रैकेट में 'प्लेट टूटना'—यह घटना डालें। डर का विचार आया तो 'डर का विचार आना'—यह ब्रैकेट में डालना है। जो उस वक्त हो रहा है, 'क्या मैं यह (   ) स्वीकार कर सकता हूँ?' मंत्र दोहराएँ।

इस तरह स्वीकार करने से उस परिस्थिति से मुकाबला करने की शक्ति बहुत बढ़ जाती है। 'क्या मैं यह स्वीकार कर सकता हूँ?' यह छोटा सा मंत्र बड़ा काम कर सकता है। जब भी कोई घटना हो तो अपने आपसे यह सवाल (क्या मैं इसे स्वीकार कर सकता हूँ?) पूछने पर आप देखेंगे कि 100 प्रतिशत छोटी घटनाओं में जवाब 'हाँ' ही आता है। सिर्फ हमने पूछा नहीं है, इसलिए हम सिकुड़कर बैठे हैं। अब यह मंत्र दोहराने के बाद हम सिकुड़कर नहीं जिएँगे।

इस मंत्र का लाभ जब आप छोटी व मध्यम घटनाओं में लेंगे तो आप देखेंगे कि 99 प्रतिशत मध्यम घटनाओं में भी आपका जवाब 'हाँ' ही आएगा। मध्यम घटनाएँ यानी छोटा एक्सिडेंट हुआ या किसी ने अपमान कर दिया, तब आप सिकुड़ जाते हैं। उस वक्त अपने आपसे पूछें, 'उसने मेरा अपमान किया तो क्या मैं यह स्वीकार कर सकता हूँ?' देखेंगे कि 99 प्रतिशत जवाब 'हाँ' ही आएगा। आप तुरंत उस विचार से छूट जाएँगे। 'हाँ', यह जवाब आने के बाद आपकी बहुत सी मुश्किलें सुलझ जाएँगी। सिर्फ यह पूछने की आदत डाल दी कि 'क्या मैं यह स्वीकार कर सकता हूँ?' तो देखेंगे, सुबह उठने के साथ जैसे ही कुछ होने लग जाय, कोई गड़बड़ करने लग जाय, कोई टेपरिकॉर्डर की आवाज आने लग जाय तो अपने आपसे पूछें, 'क्या मैं यह स्वीकार कर सकता हूँ?' और वह आवाज स्वीकार हुई तो आप कहेंगे, उसे बजने दें। कुत्ते भौंकते हैं तो भौंकने दें, हम स्वीकार कर सकते हैं। स्वीकार करते ही आप तुरंत कुछ आराम (रिलीफ) महसूस करेंगे।

यदि आपको यह कहा जाय कि आपको दो घंटे तक यहाँ से, अपनी कुरसी से हिलना नहीं है, तो तुरंत यह मंत्र दोहराने से, 'क्या मैं यह स्वीकार कर सकता हूँ?' आप आराम से बैठ पाएँगे। स्वीकार करने से आप बहुत आराम से बैठते हैं। अब कोई जल्दी नहीं होती। आप बार-बार घड़ी या मोबाइल नहीं देखते, क्योंकि अब स्वीकार कर लिया है। उस घटना को स्वीकार करते ही स्वीकार का जो आनंद है, वह आपको महसूस होगा। 'क्या मैं यह स्वीकार कर सकता हूँ?' यह मंत्र सिकुड़न से लेकर फैलने तक के

बीच में जो अंतराल है, उसे पूरा करने के लिए है। इससे आपके जीवन में चमत्कार शुरू हो जाएँगे।

इस मंत्र के इस्तेमाल के साथ यदि किसी का जवाब आए, 'नहीं, मैं यह स्वीकार नहीं कर सकता', तो उस अस्वीकार को भी कैसे स्वीकार करना है, इसे एक उदाहरण द्वारा समझें।

जैसे कोई कहे कि 'इस व्यक्ति की शक्ल मैं नहीं देख सकता', तब अपने आपसे पूछें, 'क्या मैं यह अस्वीकार स्वीकार कर सकता हूँ?' यदि किसी को चिंता सता रही है, जो दूर ही नहीं हो रही है तब अपने आपसे पूछें, 'क्या मैं यह चिंता स्वीकार कर सकता हूँ?' तो जवाब आएगा, 'ठीक है, चिंता है, मैं इसे स्वीकार कर सकता हूँ।' इस तरह अस्वीकार को भी स्वीकार कर लिया तो नई चीज तैयार होगी। जब अस्वीकार को स्वीकार कर लिया कि 'ठीक है, मैं ऐसा हूँ, वैसा भी हूँ, जैसा भी हूँ, स्वीकार है' तो आपको आश्चर्य होगा। कोई काला है, कोई गोरा है, कोई ठिंगना है तो उसे वह स्वीकार ही नहीं होता। कोई कहे, 'मेरे दाँत ऐसे हैं, मुझे तो स्वीकार ही नहीं होता।' मगर इस मंत्र के साथ अब वह कहेगा, 'ठीक है, यह अस्वीकार मैं स्वीकार कर सकता हूँ।'

कभी ऐसा भी हो सकता है कि किसी घटना में जवाब न आए, ऐसे में एक अंतराल लें, उसके बाद पूछें। जैसे—कोई घटना हो गई, जो समझ में नहीं आ रही है। यह पूछने पर कि 'क्या मैं इसे स्वीकार कर सकता हूँ?' जवाब आया, 'नहीं।' तो कहें, 'ठीक है।' थोड़ी देर के बाद फिर से पूछें, 'क्या अब मैं यह स्वीकार कर सकता हूँ?' तो देखेंगे, थोड़े समय के बाद ही जवाब 'हाँ' आना शुरू हो जाएगा। ऐसा कुछ घटनाओं में हो सकता है, शायद तुरंत जवाब नहीं आए, मगर कुछ ही मिनट के बाद, कुछ ही घंटों के बाद देखेंगे कि जवाब 'हाँ' आएगा। जवाब आते ही आपको एक मुक्ति-सी महसूस होगी।

इस मंत्र की शक्ति को समझें, वरना किसी के मन में सवाल आए कि यह सब स्वीकार करने के लिए कहा गया है तो फिर क्या हम ऐसी घटना को सुधारें नहीं? बच्चा पढ़ नहीं रहा है, बॉस प्रमोशन नहीं दे रहा है, तबीयत ठीक नहीं हो रही है तो क्या उसे सुधारें नहीं? उसे जरूर सुधारें, मगर दोनों

हाथ खोलकर सुधारें। जब हम अस्वीकार करते हैं तो हम कैसे काम करते हैं ? समस्या को कैसे सुलझाते हैं ? हम समस्या को ऐसे सुलझाते हैं जैसे कि हमने अपना एक हाथ पीछे बाँध दिया है और एक ही हाथ से वह समस्या सुधार रहे हैं। यह तो मूर्खता है, जब कि सामान्य बुद्धि (कॉमन सेंस) कहती है—जब समस्या आए तो दोनों हाथ खोलकर समस्या का समाधान करें। यह ज्यादा आसान होगा। अतः उस घटना को जरूर सुधारें, बच्चों पर काम जरूर करें; मगर पहले स्वीकार कर लें कि 'ठीक है, यह इस तरह हो रहा है, स्वीकार है। अब हम क्या कर सकते हैं ?' और वह करें।

घटना स्वीकार करने के बाद जो समस्या का मुकाबला होता है, वह जोरदार होता है, बहुत आसान होता है। ऐसा करने से आपको स्वयं ही आश्चर्य महसूस होनेवाले हैं। यदि पहला कदम ही सही नहीं उठाया तो आगे के सब कदम गलत ही होते हैं, इसलिए पहले स्वीकार करने की कला सीखें, फिर उसे सुधारने का कार्य करें। 'क्या मैं यह स्वीकार कर सकता हूँ ?' इस मंत्र के अंदर लाखों चीजें आएँगी। हर एक के जीवन में अलग-अलग घटनाएँ होती हैं। वे घटनाएँ आपको ब्रैकेट में डालनी हैं, 'क्या मैं यह स्वीकार कर सकता हूँ ?' स्वीकार के साथ ही चीजें आसानी से अंदर आ जाती हैं, क्योंकि उन्हें किनारा नहीं मिलता।

बच्चों में स्वीकार भाव किस तरह होता है ? बच्चे जब ट्रेन में सफर करते हैं तो गाड़ी उन्हें जब आगे ढकेलती है, वे आगे हो जाते हैं और गाड़ी जब पीछे ढकेलती है तो वे पीछे जाते हैं। उनकी तरफ से कोई खिंचाव, दबाव या रोक-टोक (रेजिस्टेंस) नहीं होती। बड़े जब ट्रेन में सफर करते हैं तो ट्रेन उन्हें जब आगे ढकेलती है तो वे पीछे हो जाते हैं, जब ट्रेन पीछे ढकेलती है तो वे आगे हो जाते हैं। इस तरह पूरा समय वे स्वयं के साथ संघर्ष करते हैं। बड़े जब यात्रा करके गाड़ी से उतरते हैं तो उन्होंने दिन भर कुछ भी नहीं किया होता, फिर भी थके होते हैं और बच्चे जब उतरते हैं तो वे उतने ही तरोताजा आनंदित लगते हैं। ऐसा इसलिए होता है, क्योंकि बड़ों में यात्रा के समय अस्वीकार-ही-अस्वीकार था। उनके साथ पूरा समय अस्वीकार ही चल रहा है कि यह

नहीं करना है, वह नहीं करना है। वह कैसे सारा दिन बैठा है ? थकेगा ही। इस तरह सुबह से लेकर रात तक हम देखेंगे कि जो विचार आ रहे हैं, हम उन्हें कैसे ले रहे हैं ? रुकावट बनकर ले रहे हैं कि 'अरे, यह ऐसा क्यों हो रहा है ? ऐसा विचार क्यों आया, वैसा विचार क्यों आया ?' क्या कभी रुककर हम अपने आपसे पूछते हैं कि 'ठीक है, क्या मैं इसे स्वीकार कर सकता हूँ ?' तो देखेंगे कि जवाब आएगा, 'कर सकता हूँ।' तब आपको रिलीफ (तुरंत आनंद) मिलेगा। फिर आप जो काम करेंगे, वे बेहतरीन काम होनेवाले हैं।

जीवन रूपी नदी के किनारे होते हैं, इसलिए दुःख की नदी बनती है। किनारे हटा दें तो पानी विलीन हो जाएगा, जो दुःख है वह विलीन हो जाएगा। हमारे अंदर इतनी जगह है कि सारा दुःख अंदर विलीन हो सकता है। पूरी दुनिया के दुःख विलीन हो सकते हैं, सिर्फ रोकने से उस घटना को, दुःख को, विचारों को किनारा मिलता है। सिकुड़ते हैं तो किनारा मिलता है। अब इस मंत्र के साथ यह सिकुड़न कम होती जाएगी। एक नया जीवन शुरू होगा। फिर उस नए जीवन के साथ एक अगला कदम उठेगा। सारी खुशियाँ जानकर खुशी पाने का वास्तविक रहस्य समझ में आएगा। जब भी कोई विचार, घटना भीड़ में या बाहर परेशान करे तो सिर्फ एक सवाल, 'क्या मैं यह स्वीकार कर सकता हूँ ?' आपको उस घटना से बाहर लाने में मदद करेगा। आप तुरंत अपने आपको शांत, रिलैक्स, तनाव-रहित और समस्या को सुलझाने के लिए तैयार महसूस करेंगे।

□

भक्ति में जो लोग ईश्वर से प्रेम कर रहे हैं, ईश्वर उनसे प्रेम करता है। यह तेज प्रेम का आनंद है, ईश्वरीय आनंद है।

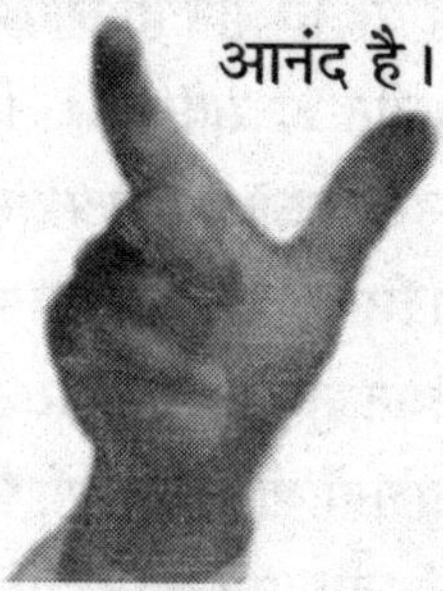

भाग 4

तुरंत खुशी पाने का दूसरा कदम

'क्या मैं इसे सीढ़ी बना सकता हूँ?'

तुरंत खुशी पाने का अगला कदम है, 'क्या मैं इसे (   ) सीढ़ी बना सकता हूँ?' यानी जो घटना हुई, उस घटना को क्या मैं सीढ़ी बना सकता हूँ? क्या मैं इसे विकास के लिए इस्तेमाल कर सकता हूँ? तेज विकास कर सकता हूँ? साँप-सीढ़ी का खेल आप जानते हैं। सीढ़ी ऊपर चढ़ाने के लिए होती है और साँप नीचे गिराने के लिए होता है। अब आप अपने आपसे पूछते हैं, 'क्या मैं साँप को सीढ़ी बना सकता हूँ?' आपको यह जानकर आश्चर्य होगा कि हर साँप सीढ़ी बन सकता है, सत्संग यही तरीका सिखाता है।

अध्यात्म सिखाता है कि 'संसार है साँप-सीढ़ी का खेल और अध्यात्म है साँप को सीढ़ी बनाने का ज्ञान।' साँप को सीढ़ी बनाना यानी यदि आपको कोई नकारात्मक विचार आया भी तो कैसे आप उसका लाभ

उठाएँ? स्वीकार कर लिया, यह तो ठीक है, यह पहला कदम हो गया; पर इसके आगे भी एक कदम है, उस घटना से कुछ सीखने का। इसी से आप विकास की मंजिल तक पहुँच सकते हैं। विकास यानी साँप को सीढ़ी बनाने का ज्ञान। हमारे जीवन में जो साँप रूपी निराशा है, जैसे—तनाव, चिंता—जो हमें वास्तविक खुशी प्राप्त करने से रोकते हैं। इन्हें ही उस खुशी को पाने के लिए सीढ़ी बनाया जा सकता है।

कुछ लोग जीवन में निराश और दुःखी होकर जब कहते हैं, 'मैं निराश क्यों हूँ?' तब उन्हें कहा जाय, 'अभिनंदन, बधाई हो!' बधाई क्यों? क्योंकि यह महत्त्वपूर्ण है। जो लोग निराश होते हैं, वे खोज करते हैं। आपको पता चलेगा कि तनाव (डिप्रेशन) आपको आगे ले जाता है। आप सत्य को जानने की कोशिश करते हैं। क्यों हम दुःखी होते हैं? क्या कारण है? क्या हम विचारों को बदल सकते हैं? क्या हमारे अंदर कोई स्थायी चीज है? हम कहाँ उसे देखें? किस दृष्टिकोण से जीवन को देखें? ऐसे सवालों से अंतिम सत्य की खोज शुरू हो सकती है।

इसलिए तनाव आए तो कभी न डरें। तनाव पर तनाव आता है, वह गलत है। कुछ लोग 'मुझे तनाव क्यों आया है', इस पर चिंता करते हैं; 'मुझे गुस्सा क्यों आया', इस पर उन्हें गुस्सा आता है। वे सोचते हैं, 'मुझे क्यों गुस्सा आया? गुस्सा नहीं आना चाहिए।' तब उन्हें समझाया जाता है कि ठीक है, गुस्सा आया है तो चलो, आया है; मगर गुस्से पर जो गुस्सा होता है वह हानिकारक है। अगर आपने इतनी भी बात समझ ली कि 'गुस्से पर गुस्सा नहीं करना है, बस!' डिप्रेशन पर डिप्रेस नहीं होना है। निराशा आई है तो देखते हैं, यह क्या करती है, यह कहाँ तक ले जाती है? और आगे चलकर कहेंगे, 'अरे! कितना अच्छा हुआ, इस निराशा की वजह से तो मैं आगे बढ़ा, तेज विकास कर पाया।' जो व्याकुल नहीं होते हैं, वे जिंदगी में कुछ बड़ा काम कर ही नहीं सकते। वे साधारण ही रहते हैं। इसलिए निराशा और दुःख को बुरा न मानते हुए उसे अंतिम सत्य जानने के लिए सीढ़ी बनाएँ।

□

स्वीकार भाव बहुत ही महत्त्वपूर्ण है, क्योंकि वह आपकी मनोदशा को तुरंत बदलता है।

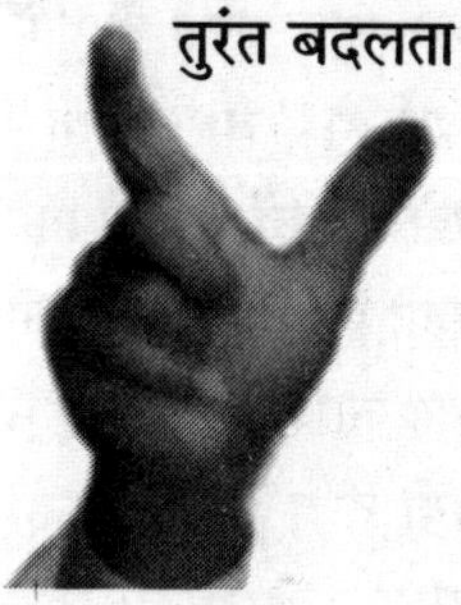

भाग 5

स्वीकार का विस्तार

तीन सवालों से स्वीकार

1. क्या मैं यह स्वीकार कर सकता हूँ?
2. जो निश्चित ही अब मुझे चाहिए, कहीं यह वही तो नहीं है?
3. मैं इसे सीढ़ी कैसे बना सकता हूँ?

उपर्युक्त तीनों सवालों द्वारा घटना या समस्या को स्वीकार करना बड़ा ही कारगर साबित होता है। ये तीनों सवाल 'स्वीकार' करने के लिए शक्तिशाली उपाय हैं। इन उपायों में से हर एक उपाय को पूरी तरह से अनुभव करने का मौका अपने आपको जरूर दें, ताकि आप इनमें छिपी शक्ति और ज्ञान को जान पाएँ। हर एक उपाय आपके लिए औजार की तरह उपयोगी सिद्ध होगा, जो आपकी किसी भी तरह की घटना से मुकाबला करने, किसी योजना को साकार रूप देने और किसी विपत्ति को टालकर उसमें से आनंद प्राप्त करने में मदद करेगा।

'स्वीकार का विस्तार', यह बहुत ही महत्त्वपूर्ण विषय है। आइए, हम इसे थोड़ा और गहराई से समझें।

स्वीकार भाव परिणाम क्यों लाता है ?

स्वीकार भाव बहुत ही महत्त्वपूर्ण है, क्योंकि यह आपकी मनोदशा को तुरंत बदल देता है। जब भी हमारे जीवन में कोई समस्या आ खड़ी होती है तब मन में नकारात्मक भावनाएँ उठने लगती हैं। हमारी कोशिश यही होती है कि हम इन सबसे जल्द-से-जल्द बाहर निकल जाएँ। किंतु नकारात्मक भावनाओं के रहते हम जो कुछ भी करेंगे, हमें उसके सही परिणाम प्राप्त नहीं होंगे। नकारात्मक भावनाओं पर आधारित क्रियाएँ परिस्थिति को बनाने के बजाय और बिगाड़ देती हैं। जब कुछ भी ठीक होते हुए नहीं दिखता तब हम यही सोचते हैं कि 'अब थोड़ा और काम करेंगे तो शायद हमें अपनी समस्या का समाधान मिल जाएगा, या फिर शायद किसी और पर दोषारोपण करने से समस्या से छुटकारा मिल जाएगा।' पर नहीं, इससे सिर्फ जटिलताएँ ही पैदा होती हैं। जो कार्य बड़ी आसानी से, बिना किसी कोशिश से हो सकता था, वही कार्य कठिनाई भरा हो जाता है। वह काम एक विकराल रूप धारण कर लेता है, जिसके फलस्वरूप कोई नतीजा नहीं निकलता। जो काम चींटी जितना छोटा था, वह बढ़कर चीते जितना बड़ा हो जाता है।

ऐसा देखा गया है कि कई लोगों के पास नौकरी होते हुए भी वे फिर से नौकरी के लिए इंटरव्यू देने जाते हैं, ताकि वे व्यावसायिक जगत् में अपना मूल्यांकन कर पाएँ। ऐसे इंटरव्यू वे खुलकर व खिलकर देते हैं। ये ही लोग बताते हैं कि जब किसी कारणवश उनकी नौकरी चली गई और वे दोबारा इंटरव्यू देने पहुँचे तो उस समय हड़बड़ाकर और हिचकिचाकर किसी तरह से इंटरव्यू दिया। ऐसा क्यों हुआ ? इसका कारण है कि दूसरी बार जब वे इंटरव्यू देने पहुँचे तब वे नकारात्मक भाव, जैसे—डर, चिंता एवं असुरक्षा से भरे हुए थे। इन्हीं नकारात्मक भावों के कारण नकारात्मक ऊर्जा का और अधिक निर्माण होता है।

पीछे दिए गए तीन सवालों में से किसी एक का भी इस्तेमाल करके जब हम परिस्थिति को स्वीकार करते हैं तब मन में उठी हुई नकारात्मक भावनाओं का आधार टूटकर बिखर जाता है। इसके साथ-साथ हमारे विचारों में भी स्पष्टता

आने लगती है। जो चीजें पहले धुँधली थीं, अब वे साफ-साफ दिखने लगती हैं।

जो लोग नई भाषा सीखते हैं, उनके भाषा सीखने और उसमें महारत हासिल करने के दौरान एक महत्त्वपूर्ण पड़ाव आता है। जब तक वे अपने आपको यह नहीं बताते कि 'गलतियाँ करना ठीक है', जब तक वे अपने आपको स्वीकृति नहीं देते तब तक वे आगे नहीं बढ़ पाते। जिस क्षण वे गलतियों को स्वीकार कर लेते हैं, उसी क्षण वे खुद को नई भाषा बोल पाने में सक्षम और बेहतर पाते हैं। जब तक वे इस पड़ाव से नहीं गुजरते तब तक उनका ध्यान सिर्फ अपनी गलतियों पर ही केंद्रित रहता है और जितना वे गलतियों पर ध्यान देते हैं, उतनी ज्यादा गलतियाँ उनसे होती रहती हैं। स्वयं की गलतियाँ स्वीकार करते ही वे अपने आपको उस शिकंजे से बाहर पाते हैं। परिणामस्वरूप उनकी भाषा में आश्चर्यजनक रूप से सुधार होने लगता है।

जैसे ही आप किसी घटना या परिस्थिति को स्वीकार करते हैं, उसी क्षण से आप देखते हैं कि वे बातें आपके लिए मददगार साबित होने लग जाती हैं। वे बातें निम्नलिखित रूप में सहायक बनती हैं—

1. आपके अंदर की नकारात्मक ऊर्जा खत्म होने लगती है, पिघलने लगती है।
2. आपका ध्यान 'क्या गलत है?' इससे हटकर 'अब इस परिस्थिति में क्या सुधार किया जा सकता है?' इस बात पर केंद्रित हो जाता है।
3. आपकी मानसिक स्थिति स्पष्ट तथा शांत हो जाती है।
4. आप ज्यादा एकाग्रचित्त हो जाते हैं और आपका ध्यान एक जगह पर केंद्रित हो जाता है। इस वजह से बाधाएँ व रुकावटें विलीन होने लगती हैं।
5. आप घटना, परिस्थिति या दृश्य के नए आयाम देख पाते हैं, जो पहले नहीं देख पाते थे। पूरे दृश्य पर जो धुंध छाई हुई थी, वह छँटने लगती है।
6. आपकी निर्णय लेने की क्षमता बढ़ जाती है।
7. आप स्वयं को भावनात्मक रूप से ज्यादा स्थिर पाते हैं।
8. आपकी चिड़चिड़ाहट मिट जाती है और आप अपनी अस्थिर मानसिक स्थिति से राहत पाते हैं।

9. आप बड़ी सहजता से, बिना सोचे अपने शब्दों को नई रूपरेखा दे पाते हैं। आप अपनी भावनाओं को शब्दों में ढाल पाते हैं। पहले जो बातें आपके लिए खीझ पैदा करनेवाली (तकलीफदायक) थीं, अब वे मात्र एक छोटी सी परेशानी लगती हैं। आपके जीवन का अनुभव बदल जाता है।
10. आप किसी भी परिस्थिति को सँभालने के लिए स्वयं को ज्यादा आजाद महसूस करते हैं। बिना किसी मानसिक या भावनात्मक बोझ लिये आप किसी भी परिस्थिति को सँभाल पाते हैं।
11. जो ऊर्जा पहले नकारात्मक भावनाओं—डर, चिंता, क्रोध आदि में खर्च हो जाती थी, वह बच जाती है। उस ऊर्जा को आप पूरे जोश के साथ अपनी समस्या का समाधान पाने में या किसी और रचनात्मक कार्य में लगा सकते हैं।

स्वीकार करने का अर्थ परिस्थिति से भागना नहीं है

अधिकांश लोगों की यह धारणा है कि स्वीकार करना यानी परिस्थिति से भागना है; मगर ऐसा नहीं है। स्वीकार करना पलायन करना नहीं है, बल्कि उड़ान भरना है। आप उड़ान भर सकते हैं, क्योंकि अब आप नकारात्मक ऊर्जा के शिकंजे से बाहर आ गए हैं।

स्वीकार करने का अर्थ यह भी नहीं कि आप इच्छाएँ रखना या लक्ष्य रखना बंद कर दें। लक्ष्य से तो हमें दिशा मिलती है। यदि किसी कारणवश हम अपने निर्धारित लक्ष्य पर नहीं पहुँच पाते तो बजाय अपने लक्ष्य को बीच में छोड़ने के इस परिस्थिति को स्वीकार करते ही आप दूसरे रास्तों से, नए तरीकों से अपने निर्धारित लक्ष्य तक पहुँचने का निर्णय ले पाते हैं। इस तरह आपके लक्ष्य तक पहुँचने की संभावना बनी रहती है। अगर आपने परिस्थिति को स्वीकार नहीं किया और अपने लक्ष्य को छोड़ दिया तो इसका अर्थ यही होगा कि आपने अपने लिए गलत रास्ता चुना या लक्ष्य को प्राप्त करने की पूरी कोशिश नहीं की।

'भगवद्गीता' में अनासक्त भाव से कर्म करने की बात बताई गई है। कई लोगों का यह सवाल होता है कि 'हम अनासक्त भाव से कैसे काम करें ?' स्वीकार भाव आपको यही सिखाता है। स्वीकार भाव आपको अपने लक्ष्य के प्रति आसक्ति रखने से रोकता है। स्वीकार भाव आसक्ति को हटाकर आपका ध्यान लक्ष्य पर केंद्रित करता है। यह आपको जबरदस्ती कार्य करने से मुक्त करता है, ताकि आप परिस्थिति के अनुरूप, आवश्यकता के अनुसार कार्य कर पाएँ।

आप रात में नींद लेना चाहते हैं, यह लक्ष्य ठीक है; परंतु नींद लाने के लिए यदि आप जबरदस्ती करेंगे तो आपको नींद बिलकुल नहीं आएगी। बेहतर यह होगा कि आप खुद को बताएँ कि 'ठीक है, नींद नहीं आ रही है, न सही; मगर क्या मैं यह स्वीकार कर सकता हूँ कि मुझे नींद नहीं आ रही है ?' स्वीकार करते ही आप पाएँगे कि जैसे ही आपने प्रतिरोध करना बंद किया, आपको नींद आने लग गई।

यह जीवन का महत्त्वपूर्ण सिद्धांत है, 'जिस चीज को आप टोकते हैं वह टिक जाती है।' आपको अपने लक्ष्य की प्राप्ति नहीं हो रही है या आपकी तरक्की में रुकावटें आ रही हैं और आप इन बातों को स्वीकार नहीं कर पा रहे हैं तो वे समस्याएँ टिक जाती हैं। ऐसा क्यों होता है ? क्योंकि यह जीवन का नियम है, 'जिस चीज को आप टोकते हैं वह टिक जाती है।' और यह भी नियम है कि 'जिस चीज पर आप ध्यान देते हैं, वह आपके जीवन में कई गुना बढ़कर आती है।' जब आप किसी नकारात्मक परिणाम का विरोध कर रहे हैं, उसे अस्वीकार कर रहे हैं यानी असल में आप उसे ध्यान नहीं दे रहे हैं और अपनी तरफ आकर्षित नहीं कर रहे हैं। किंतु स्वीकार करते ही आपकी तरफ से प्रतिरोध खत्म हो जाता है, इस वजह से आप स्वयं को उससे मुक्त पाते हैं। स्वीकार करना यानी परिणाम से भागना नहीं है, बल्कि नए परिणाम, उपयुक्त निष्कर्ष या नए मार्ग के लिए चुनाव करना है; क्योंकि अब आप नकारात्मक ऊर्जा पैदा करनेवाली चीजों—प्रतिरोध, अनावश्यक दबाव और चिपकाव इत्यादि के शिकंजे से बाहर आ जाते हैं।

स्वीकार के साथ आपके होश में अत्यधिक वृद्धि हो जाती है

जीवन का दूसरा सिद्धांत है—जो बात एक स्तर पर सत्य है, वह हर जगह पर सत्य होती है, लागू होती है। जो एक छोटी चीज में दिखाई देती है, वह बड़ी चीज में भी विद्यमान होती है। जो ब्रह्मांड के लघु रूप में दिखाई देती है, वही उसके व्यापक रूप (विश्व) में भी दिखाई देती है।

जब इस सवाल, 'क्या मैं यह स्वीकार कर सकता हूँ' का जवाब आप 'हाँ' में देते हैं तो आप उसके साथ जुड़ी नकारात्मक भावनाओं का भी त्याग करते हैं। स्वीकार करना आपके लिए बहुत छोटा कदम हो सकता है, लेकिन यह कदम आपकी चेतना में बड़ा परिवर्तन लाता है। स्वीकार करते ही उसी क्षण कई सारे नए आयाम आपके सामने खुलने लगते हैं और आप बहुत सी सकारात्मक चीजों को अपने जीवन में आकर्षित करने लगते हैं।

जैसे ही आप स्वीकार के जरिए अपनी नकारात्मक भावनाओं को छोड़ देते हैं, वैसे ही आप अपने अंतर्मन को सूचित करते हैं कि 'अब मैं ब्रह्मांड से भरपूर पाने के लिए खुला हूँ। अब मैं कंजूस की तरह सिकुड़कर नहीं जीऊँगा।' अब यह नियम, 'जिस चीज पर आप ध्यान देते हैं, वह आपके जीवन में कई गुना बढ़ती है', आपके जीवन में कार्य करना शुरू कर देता है। स्वीकार करने की एक छोटी सी क्रिया आपके जीवन के हर मोड़ पर सहायक साबित होती है। स्वीकार भाव से आप मानसिक रूप से तो स्वतंत्र रहते ही हैं, साथ ही यह आपके जीवन के शारीरिक, भावनात्मक, सामाजिक और आर्थिक भागों पर भी असर करती है। यह एक तरह के श्रृंखलाबद्ध तरीके से आपके भीतर तरंगित होती रहती है और आप अपने आपको चेतना के नए एवं उच्च स्तर पर पाते हैं।

इस ज्ञान का लाभ कैसे लिया जाय कि स्वीकार जैसी एक छोटी सी क्रिया भी अंतर्मन में बहुत बड़ा परिवर्तन लाती है? इसका उत्तर बहुत सीधा है। जब भी आप स्वयं को किसी बड़ी समस्या से घिरा हुआ पाएँ तब आप समस्या से संबंधित छोटी-छोटी बातों को स्वीकार करते जाएँ। ऐसा करने से आपको बड़ी समस्या से निपटने में आसानी होगी।

यह कैसे पता चले कि स्वीकार हुआ है ?

रसायन-शास्त्र में एक परीक्षण किया जाता है, जिसे 'लिटमस टेस्ट' कहते हैं। इससे पता लगाया जाता है कि फलाँ द्रव्य अम्लीय है या नहीं। लिटमस एक ऐसा कागज होता है, जो अम्ल तत्त्व के संपर्क में आते ही लाल रंग का हो जाता है। यह परीक्षण इसलिए किया जाता है, ताकि यह पता लगाया जा सके कि रासायनिक प्रक्रिया पूर्णतः सफल हुई है कि नहीं और उससे अम्ल उत्पन्न हुआ या नहीं। ठीक इसी प्रकार क्या कोई ऐसा परीक्षण है, जिससे पता चले कि आप स्वीकार करने में सफल हुए हैं या नहीं ? ऐसा परीक्षण उपलब्ध है। जब भी आप किसी समस्या या परिस्थिति को स्वीकार करते हैं तब वह अलग रूप में दिखाई पड़ती है। यहाँ पर लिटमस परीक्षण को कैसे प्रयोग में लाया जाय ? इसका जवाब बिलकुल सीधा है। स्वीकार के बाद अंतर्मन में उस परिस्थिति पर गौर करें, फिर से समस्या को देखें। यदि आपसे पूर्ण रूप से स्वीकार हुआ है तो परिस्थिति या समस्या आपको बिलकुल साफ दिखाई देगी। अगर आपके मन में अब भी कोई नकारात्मक भाव है तो स्वयं से फिर से पूछें कि 'क्या मैं इसे स्वीकार कर सकता हूँ ?' देखें, क्या अब स्पष्टता आ रही है ? यह क्रिया थोड़े-थोड़े समय बाद बार-बार करते रहें, जब तक आप इससे मुक्त नहीं हो जाएँ।

आप एक और तरीका इस्तेमाल कर सकते हैं। 'क्या मैं यह स्वीकार कर सकता हूँ ?' इस पंक्ति का इस्तेमाल करने के बजाय आप चाहें तो इन दो सवालों का इस्तेमाल कर सकते हैं। पहला सवाल, 'क्या यह (समस्या या परिस्थिति) वह है जिसकी मुझे जरूरत है ?' यह बहुत ही असरदार प्रश्न है, जिसे आप ऊपर दिए गए लिटमस परीक्षणवाले प्रश्न के साथ बदल सकते हैं। दूसरा सवाल, 'क्या मैं इसे (समस्या या परिस्थिति को) सीढ़ी बना सकता हूँ ?' इस सवाल का प्रयोग करते ही तुरंत आपके अंदर की रुकावटें खत्म होने लगेंगी। इससे समस्या में कुछ खोने की बजाय आपको कुछ लाभ दिखाई देगा। इस तरह आप अपने जीवन में आई सभी समस्याओं को सकारात्मक

दृष्टिकोण से देखने लगेंगे। इस तरह सकारात्मक दृष्टिकोण से आपको कोई समस्या, समस्या नहीं लगेगी। यह समझ जीवन में आनेवाली समस्याओं के प्रति आपका दृष्टिकोण हमेशा के लिए बदल देगी और आप समस्या के पीछे का उद्देश्य भी जान जाएँगे, क्योंकि अब आप समझ चुके हैं कि समस्या में क्या देखना है और क्या महसूस करना है।

□

अपनी नकारात्मक भावनाओं को दबाएँ नहीं, न ही उनका विस्फोट होने दें। हमेशा बीच का रास्ता अपनाएँ। बीच का रास्ता है अपनी नकारात्मक भावनाओं को व्यक्त करना।

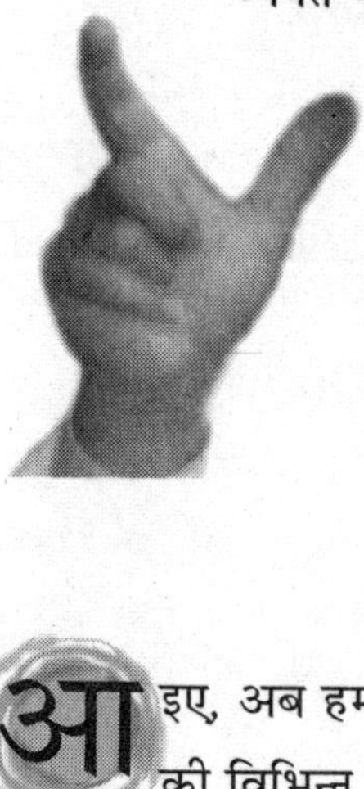

भाग 6

हर हाल में स्वीकार करने के कदम

सकारात्मक शब्द दोहराएँ

आइए, अब हम समझें कि स्वीकार भाव का इस्तेमाल अपने जीवन की विभिन्न परिस्थितियों में कैसे किया जाय?

अपने भूतकाल को स्वीकार करें

'काश', यह एक शब्द है, जिसके कारण बहुत से लोगों का जीवन तकलीफदायक हो जाता है। 'काश, मैं फेल नहीं हुआ होता!'' काश, मैंने शादी

नहीं की होती!··· काश, मैंने ज्यादा सावधानी बरती होती!··· काश, मैं फलाँ मुल्क में पैदा हुआ होता!' भूतकाल में आपने कोई कार्य किया या नहीं किया, दोनों घटनाओं की नकारात्मक भावनाएँ आपके अंदर पैदा होती हैं। कई सारे लोगों को यह भी पता नहीं होता कि वर्तमान में वे जो कार्य कर रहे हैं, वास्तव में वे अपने भूतकाल को बदलने की कोशिश कर रहे हैं। आप अपना भूतकाल तो नहीं बदल सकते, मगर उसे स्वीकार जरूर कर सकते हैं। भूतकाल की घटनाओं को स्वीकार करके आप अपना आज यानी वर्तमान सँवार सकते हैं। अपने भूतकाल से मुक्त होने के लिए स्वीकार करना ही सबसे उत्तम उपाय है।

दूसरा नकारात्मक प्रश्न, जो अकसर लोग दोहराते हैं, वह है 'क्यों?' वे कहते हैं, 'मैंने ऐसा क्यों नहीं किया?··· मैंने वैसा क्यों नहीं किया?··· मैंने ऐसा क्यों किया?··· मैंने वैसा क्यों किया?' इस तरह के नकारात्मक प्रश्न दोहराने से बेहतर उपाय यह है कि 'क्यों?' इस प्रश्न को 'कैसे?' में बदल दिया जाय। जब भी नकारात्मक घटना हो तो स्वयं से यह सवाल पूछें—'इसे मैं सीढ़ी कैसे बना सकता हूँ?' यह प्रश्न बहुत ही लाजवाब है। यह आपकी गलतियों को मील का पत्थर बनाने में बहुत मददगार साबित होगा।

जब कभी आप स्वयं को भूतकाल को लेकर मातम मनाते हुए पाएँ या पुरानी गलतियों पर पछताते हुए देखें तो निम्न उपायों का इस्तेमाल जरूर करें—

1. अपने आपसे पूछें, 'क्या मैं अपना भूतकाल स्वीकार कर सकता हूँ?' यह एक प्रश्न पूछना ही काफी है।
2. फिर भी, यदि आप पुरानी (आपबीती) बातों में बार-बार उलझते हैं तो उन बातों का विश्लेषण करें कि भूतकाल में जो कुछ भी हुआ था, वह कैसे आपके लिए लाभदायक था? वह घटना आपकी उस क्षण की या भविष्य की 'जरूरत' कैसे थी? इस पर मनन करें।
3. अपने आपसे पूछें, 'क्या मैं किसी बीती हुई घटना को भविष्य के लिए सीढ़ी बना सकता हूँ?'

आपको जवाब जरूर मिलेगा। उपर्युक्त सवालों में किसी भी एक या सभी सवालों के जवाब मिलने पर आपका भूतकाल का बोझ नष्ट हो जाएगा।

अनिश्चित भविष्य को कैसे स्वीकार करें ?

बहुत से लोग अपने भविष्य की योजना बनाने के बजाय भविष्य के डर अपने मन में पालते रहते हैं। किसी चीज की आकांक्षा रखना और चिंतित रहना, ये दोनों अलग-अलग बातें हैं। यदि आप किसी बात को लेकर चिंतित हैं, अधीर हैं या भविष्य की किसी घटना को लेकर डरे हुए हैं तो आप अनजाने में नकारात्मक बातों को आकर्षित कर रहे हैं।

जीवन के इस नियम को हमेशा याद रखें, 'जिस चीज पर आप ध्यान देते हैं वह आपके पास कई गुना बढ़कर आती है।' यदि आप नकारात्मक बातों पर ध्यान देने से बचना चाहते हैं तो अपने भविष्य को स्वीकार करें। अपने मन में भविष्य की घटना को होते हुए देखें। सामान्यतः आप घटना के पश्चात् आनेवाले नकारात्मक परिणामों से डरते हैं। आपके मन में डर आ रहा है तो स्वयं से पूछें, 'क्या मैं इस घटना या परिस्थिति को स्वीकार कर सकता हूँ ? इस घटना को बदलने या नियंत्रण करने की चाहत किए बिना क्या मैं इसे, जैसी है, वैसी स्वीकार कर सकता हूँ ?' यहाँ पर आपने देखा कि आपका प्रश्न बदल चुका है। आपको घटना के नकारात्मक परिणामों को देखकर उन्हें स्वीकार करने के लिए नहीं कहा जा रहा है, बल्कि यह समझ दी जा रही है कि आप भविष्य को नियंत्रण में करने की कोशिश से मुक्त हो जाएँ। आप घटना या परिस्थिति को बदलने की चाहत रख सकते हैं; परंतु उसके लिए अत्यधिक प्रयत्न करना छोड़ दें।

उदाहरण—आप परीक्षा के परिणाम का इंतजार कर रहे हैं और नतीजे को लेकर अनिश्चित व आशंकित भी हैं। अब इस भविष्य में होनेवाली घटना को आप अपने मन में देखें। आप अपने मन में परीक्षा के परिणाम का दिन देखें और स्वयं से पूछें, 'जो कुछ भी उस दिन होगा, उसमें कुछ भी परिवर्तन करते हुए क्या मैं उसे स्वीकार कर सकता हूँ ?' इस तरह स्वीकार करने से आपको बहुत ही राहत मिलेगी।

नकारात्मक भावनाओं को स्वीकार करें

हमारे भाव बड़े उपयोगी औजार होते हैं, फिर चाहे वे नकारात्मक ही क्यों न हों। अपनी नकारात्मक भावनाओं को दबाएँ नहीं, न ही उनका विस्फोट होने दें। हमेशा बीच का रास्ता अपनाएँ। बीच का रास्ता है अपनी नकारात्मक भावनाओं को व्यक्त करना। कभी ऐसा समय आता है, जब हम अपनी भावनाओं को व्यक्त करने में असमर्थ होते हैं या उन्हें अपने तक ही रखना चाहते हैं। ऐसे में आप उन्हें स्वीकार करें। स्वीकार करते ही आप पाएँगे कि आप अपनी बात को सहजता से कह पाए, अपने भावों को सहजता से व्यक्त कर पाए। अगर आप उन्हें दबा देंगे तो वे बातें फिर अपना सिर उठाएँगी और यदि आपने उन भावनाओं का विस्फोट कर दिया तो आपको ग्लानि, अपराध-बोध के नकारात्मक भाव जकड़ लेंगे। अपने भावों को सही तरह से व्यक्त करना ही सबसे उत्तम तरीका है। स्वीकार करना एक स्प्रिंग बोर्ड की तरह है, जिस पर खड़े रहकर आप अपनी भावनाओं को व्यक्त कर सकते हैं। जरूरत पड़ने पर आप चाहें तो अपने नकारात्मक भावों पर क्रिया भी कर सकते हैं; परंतु यह आप अपने भावों को स्वीकार करने के बाद ही कर सकते हैं। कोई भी कार्य नकारात्मक भावनाओं के तहत करने से विपरीत या व्यर्थ परिणाम निकल सकते हैं। इसलिए पहले उस घटना को देखें, जिससे नकारात्मक भावनाएँ जागीं, फिर उन भावनाओं को स्वीकार करके पूर्णता लाएँ और उन्हें निष्क्रिय कर दें। ऐसा करने के बाद ही उन्हें व्यक्त करें या जो क्रिया आप करना चाहते हैं, वह करें।

पहले कदम पर आपको अपने भावों को पहचानना होगा, उन्हें एक नाम देना होगा।

सामान्यत: सभी नकारात्मक भावनाएँ तीन मौलिक भावनाओं पर आधारित होती हैं—1. दुःख, 2. क्रोध और 3. डर। इन तीनों भावनाओं के तहत यदि सारी भावनाओं को उनके वर्गानुसार बाँट दिया जाय तो सारी बातें सूचीबद्ध तरीके से सामने आती हैं। यह सूची आगे दी गई है—

अप्रसन्नता (दु:खी होना)	गुस्सा (क्रोध करना)	डर (भयभीत होना)	अन्य (मिश्रित भाव)
निरुत्साहित	चिढ़ना	घबराया हुआ	लज्जित
उदास, न्यूनता	घृणित	उत्सुक	उबाऊ
निराशा, हताशा	व्यग्र करना	आशंकित	उलझन
हतोत्साहित	उग्र, गुस्साया	भयातुर	पराजित
लाचार, असहाय	नफरत करना	असुरक्षित	शंकालु
नाउम्मीद	वैर भाव, दुश्मनी	डरना	दोषी, अपराधी
चोट खाया हुआ	चिढ़ा हुआ, उपेक्षित	घबराहट	वशाधीन
प्रेम-रहित	बदले की भावना	आतंकित होना	उलझा हुआ
निर्मूल्य, अयोग्य	गलत इस्तेमाल किया	टूटा हुआ, कायर	बेकार

जैसे ही आपने अपनी भावनाओं को पहचान लिया, वैसे ही अपने आपसे पूछें, 'क्या मैं इस भाव को, जैसा है वैसा, बिना किसी परिवर्तन के स्वीकार कर सकता/सकती हूँ ?' अब इस भाव को स्वीकार करें और कुछ देर उसी के साथ रहें। उस भाव को जैसा है वैसा रहने दें और जितना हो सके, उसी के साथ रहें। कुछ देर के बाद आप पाएँगे कि वह भावना स्वयं ही गायब हो गई। ऐसा भी हो सकता है कि आपमें कोई दूसरा भाव जाग्रत् हो जाय। उस भाव को भी स्वीकार करें और कुछ समय उसके साथ रहें, जब तक आप शांतिपूर्ण अवस्था में नहीं पहुँच जाते। तब ऐसा होता है कि कुछ देर इस तरह रहने से वह भावना विलीन होने लगती है। उसके साथ ही आप आरामदायक, शांत, नमन (जहाँ मन नहीं है) की स्थिति में आने लगते हैं। ऐसा होता है, क्योंकि हमारी भावनाएँ स्रोत (सेल्फ) के नजदीक होती हैं। स्रोत पर शांति व न मन की अवस्था होती है। जब आप स्वीकार करते हैं तब असल में अपने

भीतर अपने सेल्फ पर पहुँच जाते हैं—आप स्वयं को चैतन्य, शून्यता व पूर्ण आनंद की अवस्था में पाते हैं।

जब भी आप ऐसा करते हैं तब आपके अंदर से नकारात्मक भाव खत्म होने लगता है। आपको उन्हें दबाना नहीं पड़ता। अपनी भावनाओं से आपको लड़ना नहीं पड़ता। बहुत से लोगों को क्रोध आता है, फिर उन्हें इस बात पर क्रोध आता है कि मैंने क्रोध क्यों किया? यह है क्रोध पर क्रोध, डबल क्रोध। कुछ लोग पहले निराश होते हैं, फिर इस बात पर और निराश होते हैं कि वे निराश हैं। इसे कहते हैं डबल निराशा। आपको सिर्फ इतना करना है कि अपने क्रोध, निराशा या किसी और भावना को, जैसे है वैसे ही स्वीकार करना है, उसका प्रतिरोध नहीं करना है। जिस चीज को आप अस्वीकार करते हैं, वह टिक जाती है। स्वीकार करें और उसके साथ रहें, जब तक वह भाव खुद-ब-खुद गायब नहीं हो जाता।

दर्द और बीमारी का स्वीकार भाव

दर्द और बीमारी के समय स्वीकार भाव बड़ा सहायक साबित होता है। जब भी आपको शरीर में दर्द और उसके साथ जुड़ी मानसिक पीड़ा है तब अपने आपसे पूछें, 'क्या इस दर्द को मैं स्वीकार कर सकता हूँ?' जब आप ऐसा कहते हैं तब असल में अपनी मानसिक पीड़ा को छोड़ देते हैं। इसका अर्थ यह है कि अब आपका 50 प्रतिशत या उससे भी ज्यादा दर्द खत्म हो गया है। शरीर अपना दर्द सहने की क्षमता रखता है। स्वीकार करने से छोटे-मोटे दर्द तो पूरी तरह से गायब हो जाते हैं। (किसी बड़ी तकलीफ या बीमारी को चिकित्सा की आवश्यकता होती ही है।) इस बात का खयाल जरूर रखें कि आप दर्द को अनदेखा न करें। आप स्वयं को केवल दर्द के बारे में हकीकत बताते हैं और यही कारण है कि आपका मानसिक दर्द गायब हो जाता है। शरीर में यदि दर्द हो तो दर्द का हमें दुःख न हो।

रिश्तों में स्वीकार भाव

रिश्तों में स्वीकार भाव बहुत ही महत्त्वपूर्ण है। फिर चाहे वह रिश्ता पति-पत्नी के बीच हो या बच्चे और माँ-बाप के बीच। जब आप इनसान को जैसा है वैसा स्वीकार करते हैं तब आपके संबंधों में बड़ा परिवर्तन होता है, महत्त्वपूर्ण सुधार आता है। रिश्तों में स्वीकार भाव कैसे हो? इसका एक महत्त्वपूर्ण पड़ाव है—सामनेवाले के गुणों व अवगुणों को स्वीकार करना। सामनेवाले के जिन गुणों अथवा दुर्गुणों से आपको चिढ़ है, आप उन्हें पहले स्वीकार करें। यह सवाल पूछने के बजाय कि 'क्या मैं इस इनसान को स्वीकार कर सकता हूँ?' स्वयं से यह पूछें कि 'क्या मैं सामनेवाले को उसकी कमियों सहित अपना सकता हूँ?' इस तरह थोड़ा-थोड़ा करके सामनेवाले के हर अवगुण को स्वीकार करते जाएँ। यह याद रखें कि आप किसी का नकारात्मक व्यवहार स्वीकार कर रहे हैं। इसका अर्थ यह नहीं है कि आपको सामनेवाले की गलती नहीं बतानी है। आप फिर भी जरूर उस व्यक्ति को उसके व्यवहार के बारे में बता सकते हैं; पर स्वीकार करने के बाद उस व्यक्ति के प्रति आपकी बोलचाल में नकारात्मक भाव या कटुता नहीं होगी, जिस वजह से आपकी बात असरकारक साबित होगी।

जब स्वीकार करना मुश्किल लगे तब क्या करना चाहिए?

1. बार-बार कुछ समय के अंतराल के बाद स्वीकार करने की कोशिश करें। बार-बार अपने आपसे यह सवाल पूछें कि 'क्या अब मैं इसे स्वीकार कर सकता हूँ?'
2. 'क्या मैं इसे सीढ़ी बना सकता हूँ?' यानी 'क्या मैं गलतियों से भी सीख सकता हूँ?' या 'क्या मैं अपने गलत निर्णयों को भी अपने विकास में इस्तेमाल कर सकता हूँ?' इस तरह स्वीकार करने के जो

अन्य प्रश्न दिए गए हैं, उनका भी इस्तेमाल जरूर करें।

3. स्वीकार नहीं हो रहा हो तो इस अस्वीकार की अवस्था को भी स्वीकार करें, यही सबसे बड़ा और महत्त्वपूर्ण कदम है। अपने आपसे पूछें कि 'क्या मैं यह स्वीकार कर सकता हूँ कि मुझे स्वीकार नहीं हो रहा है?'
4. अपने अंदर के नकारात्मक भावों को स्वीकार करें। किसी भी घटना से वह नकारात्मक भाव आया हो तो उस भाव की पहचान करें और फिर उसे स्वीकार करें।
5. पहले घटना का सिर्फ थोड़ा सा हिस्सा स्वीकार करें, फिर घटना के छोटे-छोटे हिस्सों को स्वीकार करना शुरू कर दें। यह आपको पूर्ण घटना को स्वीकार करने में मदद करेगा।

स्वीकार करने की जो बातें यहाँ बताई गईं, वे सभी आपको हर तरह की नकारात्मक घटनाओं, गलतियों या किसी इनसान से जुड़ी नकारात्मक भावनाओं से मुक्त करने में मदद करेंगी और आपको आनंद तथा खुशी की राह पर ले जाने के लिए मार्गदर्शन देंगी।

□

स्वीकार करना एक स्प्रिंग बोर्ड की तरह है, जिस पर खड़े रहकर आप अपनी भावनाओं को व्यक्त कर सकते हैं।

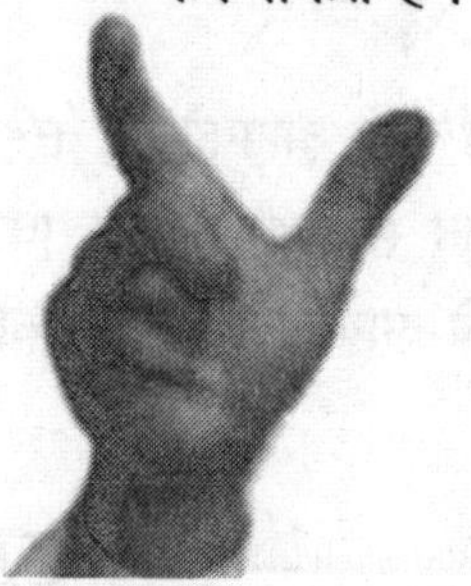

भाग 7

'यह वह है' स्वीकार मंत्र

This is That

'जीवन में आपको जब जो चीज मिलती है, वह आपकी उस समय की जरूरत होती है', यह जीवन का नियम है।

इस रहस्यमयी पंक्ति का अर्थ यह है कि इस समय जो आपके साथ हो रहा है, वह आपकी इस क्षण की जरूरत है। यदि आप किसी कार्यक्रम में गए हैं और वहाँ पर आपको हॉल में बैठने की जगह नहीं मिली, आपको कहीं बाहर बिठाकर परदे (एल.सी.डी.) पर प्रोग्राम दिखाया गया तो इस पंक्ति के अनुसार वह आपकी उस समय की जरूरत है।

मन पहले इस बात को नहीं मानेगा। उसे लगेगा कि 'यह मेरी जरूरत कैसे हो सकती है? यह तो मेरी जरूरत नहीं थी।' मगर जब आपको जीवन का यह नियम समझ में आएगा तब आप कहेंगे, 'वाकई मेरे विकास के लिए, मेरी प्रार्थनाओं के अनुसार वहाँ व्यवस्था की गई थी। उस वक्त वह मुझे मेरी जरूरत नहीं लग रही थी। अज्ञान में मुझे पता नहीं चला था कि मेरी जरूरत

क्या है।' अपने चारों तरफ देखें कि इस वक्त आपके साथ क्या-क्या हो रहा है। जो हो रहा है, 'यह इस वक्त की मेरी जरूरत है', यह सोचकर अपना नजरिया बदलें। इसका अर्थ यह बिलकुल नहीं है कि हम परिस्थिति को बदलने का प्रयास न करें। जीवन के इस नियम को ठीक तरह से समझते ही हम स्वीकार भाव के साथ वर्तमान के क्षण में स्थापित हो जाएँगे।

इस वक्त यदि मुझे खाँसी आ रही है तो क्या यह मेरी इस क्षण की जरूरत है ? जी हाँ, यह खाँसी संकेत है, कर्म संकेत है। भविष्य के लिए अपना स्वास्थ्य उच्च अभिव्यक्ति के लिए सँभालना आवश्यक है। एक छोटा संकेत आपको सजग कर सकता है, बशर्ते कि आप अपनी जरूरत देखने के लिए तैयार हैं। यदि आप इस रहस्य को सत्य नहीं मानते तो आप खाँसी के प्रति विरोध (रेजिस्ट) करेंगे। यह विरोध केवल निराशा और अज्ञान को जन्म देगा। इस विरोध से हमारा वर्तमान बिगड़ जाता है।

जो घटनाएँ हमारी जिंदगी में हो रही हैं, वे क्या हैं ? आपको कोई गाली देकर गया तो क्या उस वक्त आप अपने आपको यह कह पाएँगे, 'यह मेरी इस क्षण की जरूरत है। यह वह है, जिसकी मुझे जरूरत है।' हाँ, अब हम यह कह पाएँगे, क्योंकि अब हम जीवन के इस नियम को समझ रहे हैं। हर घटना हमें हमारे सबक सिखाने में जरूरी है। इसका अर्थ जब जो हो रहा है, वह हमारी उस क्षण की जरूरत है, फिर वह चाहे हमें मिलनेवाली गाली ही क्यों न हो।

यहाँ तक आपने समझा कि जो घटनाएँ आपके जीवन में हो रही हैं, वे आपकी जरूरत हैं। अब इस समझ को अपने जीवन में कैसे उतारें ? इस समझ को आप एक स्वीकार मंत्र की तरह इस्तेमाल कर सकते हैं। **'यह वह है जिसकी मुझे जरूरत है।'** इसे एक मंत्र की तरह इस्तेमाल करें, क्योंकि यह हमारे लिए जीवन का महत्त्वपूर्ण मंत्र है। इस मंत्र का इस्तेमाल कैसे करना है, इसे समझें।

आपको हाथ की मुद्रा के द्वारा ब्रैकेट का चित्र दिखाया गया है। इस ब्रैकेट के बीच में आपको वह चीज रखनी है, जिसके (घटना के) संदर्भ में आप काम कर रहे हैं। 'यह (   ) वह है, जिसकी मुझे जरूरत है।' इस ब्रैकेट में गाली हो

सकती है या ताली हो सकती है। जो भी घटना इस क्षण आपके साथ हो रही है, उसे सही नजरिए से देखने के लिए आपको वह घटना इस ब्रैकेट में डालनी है। अपने हाथ के चित्र अनुसार मुद्रा बनाकर यह मंत्र दोहराएँ, 'यह वह है जिसकी मुझे इस क्षण जरूरत है।' थोड़े में कहें, 'यह वह है (दिस इज दैट)।' सामनेवाला आपको अच्छा प्रतिसाद नहीं दे रहा है, ट्रैफिक जाम है, मंदिर के बाहर आपकी चप्पल चोरी हो गई—इस तरह की सभी घटनाएँ ब्रैकेट में आएँगी। हर घटना के लिए आप कहेंगे, 'यह जो इस वक्त हो रहा है, वह है जिसकी मुझे जरूरत है।'

'यह वह है (This is that).' यह एक छोटा लेकिन शक्तिशाली मंत्र है। इसे इस्तेमाल करते ही आप वर्तमान में सजग और सीखने के लिए तैयार हो जाएँगे। इस मंत्र को इस्तेमाल करते ही जीवन के प्रति आपका नजरिया सकारात्मक हो जाएगा। आप सुबह उठे और लाइट बंद है तो आप कहेंगे, 'This is that, यह वह है जिसकी मुझे जरूरत है।' हालाँकि आपको पता नहीं चल रहा है कि क्या वाकई आपको इसकी जरूरत है। आपका मन नहीं मानता, मगर आप कहेंगे, 'मेरा मन नहीं मानता, फिर भी यह सत्य है।' मन जितनी जल्दी सत्य मान जाएगा, जान जाएगा, उतनी जल्दी वह आनंद लेना सीखेगा। आप अपना आनंद और कितना स्थगित करना या आगे ढकेलना चाहते हैं, यह निश्चित करें। इसी क्षण आनंद की अवस्था प्राप्त की जा सकती है। हमें चाहिए केवल समझ, जीवन के इस नियम की।

हर घटना, वस्तु और हर परेशानी जब आप ब्रैकेट में डालते हैं तब सब बदल जाता है। जब तक वह घटना ब्रैकेट के बाहर थी तब तक वह हमें तकलीफ दे रही थी। ब्रैकेट में आते ही वह सही समझ के साथ स्वीकार होने लगती है। जब आप कोई बात स्वीकार करने जा रहे हैं तब उसे ब्रैकेट में डालें तो वह बात आसानी से स्वीकार होगी। यह ब्रैकेट (सत्य) का चमत्कार है। जैसे ही घटना के बाद आप कहेंगे—'यह वह है जिसकी मुझे जरूरत है, This is that what I need.' तो आपका उस घटना की तरफ देखने का नजरिया ही बदल जाएगा।

पूरी पंक्ति न कहते हुए पूरी समझ को आप एक छोटे मंत्र में भी कह

सकते हैं—'यह वह है (This is that)' पूरा मंत्र है—'यह वह है, जिसकी मुझे जरूरत है (This is that what I need).'

यह मंत्र पढ़ने के बाद आपको लगेगा कि शब्दों के जोड़ (combination) से एक अलग ही रचना बनी है, 'यह वह है।' किसी और इनसान के लिए इन शब्दों का कोई महत्त्व नहीं है, किंतु आपके लिए ये शब्द मंत्र हैं, क्योंकि आपको इन शब्दों का अर्थ पता है। इन शब्दों के साथ समझ है। इनके साथ जीवन का महत्त्वपूर्ण नियम जुड़ा हुआ है। इस समझ के बल पर आप देखेंगे कि ये छोटे-छोटे शब्द भी बड़ा परिणाम ला रहे हैं। जब आप इस मंत्र को पूरी तरह समझेंगे तब कहेंगे, 'वाकई यह कितना बड़ा सत्य है!' यह बात एक उदाहरण द्वारा समझें।

एक फकीर संत अपने शिष्यों के साथ एक गाँव से गुजर रहे थे। उनके शिष्यों ने संत से कहा, 'अब बहुत देर हो गई है। दूसरे गाँव में पहुँचते-पहुँचते अँधेरा हो जाएगा, हमें यहीं रुकना चाहिए।' इस पर उस संत ने अपने शिष्यों से कहा, 'नहीं, हम आगे चलेंगे।' शिष्य कुछ बोल नहीं पाए और सभी आगे एक गाँव में पहुँचे। उस गाँव में अलग-अलग संप्रदाय के लोग ज्यादा मात्रा में रहते थे। उन लोगों ने शिष्यों को भोजन और रहने की जगह नहीं दी। उस वक्त सभी शिष्य नाराज हो गए और उन्होंने संत से कहा, 'हमने तो पहले ही आपसे कहा था कि हम रास्ते में रुक जाते हैं। हमें इस गाँव में नहीं आना चाहिए था। अब हम इतनी रात में कहाँ जाएँगे?' इस बात पर उस संत ने शिष्यों से कहा, 'जल्दी अनुमान मत लगाओ, जो भी चल रहा है उसे देखो।' शिष्यों को अपने गुरु की बात पसंद नहीं आई। यदि उन्हें यह मंत्र पता होता तो वे यही कहते, 'यह वह है जिसकी हमें जरूरत है (This is that what we need)।' मगर उन्हें यह मंत्र पता नहीं था, इसलिए वे यह नहीं बोल पाए और परेशान रहे।

उस गाँव से बाहर निकलने के बाद संत और उनके शिष्य रात गुजारने के लिए गाँव के बाहर एक खंडहर में पहुँचे। उस खंडहर की आधी छत टूटी

हुई थी। सभी परेशानी में वहाँ सो गए। वह रात पूर्णिमा की रात थी, यानी उस रात पूरा चाँद निकला था। आधी रात के बाद जब उस संत की आँखें खुलीं तो उसने आकाश का नया मनोरम दृश्य देखा। उन्होंने अपने शिष्यों को उठाकर कहा, 'उठो, आकाश का यह अद्‌भुत दृश्य देखो!' उन शिष्यों ने जब वह मनोरम दृश्य देखा तब उनके अंदर भी आनंद और समाधि का अनुभव जागा। वे घंटों उस अनुभव में रहे। सुबह उठकर उन्हें अपनी मूर्खता का एहसास हुआ। उन सभी को यह महसूस हुआ कि अगर वे वहाँ नहीं आते तो इस आनंद और समाधि के अनुभव से वंचित रह जाते। उन शिष्यों ने तब यह बात मानी कि This is that what we need, यह वह है जिसकी हमें जरूरत है। 'हर घटना, जो इस क्षण हो रही है वह हमारी जरूरत है।'

उस संत ने भले ही अपने शिष्यों को जीवन का यह नियम समझाने के लिए अलग शब्द कहे हों, मगर अर्थ यही था। आपने कहानी से यही समझा कि 'यह वह है जिसकी मुझे जरूरत है (This is that what I need)।' आपके साथ भी कई बार ऐसा होता है कि जब घटना चल रही होती है तब आपको लगता है कि यह कितना गलत चल रहा है। मुझे इस बात की जरूरत नहीं है। उन शिष्यों को भी ऐसा ही लगा कि उन्हें गाँव से निकलने की जरूरत नहीं थी; मगर जब आगे का दृश्य सामने आया तब उन्हें पता चला कि वास्तव में किस चीज की तैयारी करवाई जा रही थी, कौन सा अनुभव देना था। आगे का दृश्य क्या था, जिस वजह से सुंदर वर्तमान निर्मित हुआ। जो व्यक्ति उच्च दृष्टिकोण यानी हेलिकॉप्टर के नजरिए से देख रहा है, वह समझ पाता है कि 'यह वह है जिसकी मुझे जरूरत है।'

एक बच्चा भूल-भुलैया में फँस गया। उस माया में अलग-अलग आड़े-टेढ़े मार्ग थे। वह गलत रास्ते से जा रहा था, जहाँ से बाहर निकलने का रास्ता नहीं था। जब वह गलत रास्ते से जा रहा था तब उसे दूसरी तरफ से थप्पड़ लगा। जब थप्पड़ पड़ा तब वह यह नहीं कह पाया कि 'यह वह है जिसकी मुझे जरूरत है (This is that what I need)।' थप्पड़ खाकर वह सही दिशा से बाहर आया, तब उसने कहा, 'वह थप्पड़ मुझे सही मार्ग पर लाने के लिए था। उस थप्पड़ की

मुझे जरूरत थी।' मगर जब उसे थप्पड़ पड़ रहा था, तब यदि उससे पूछा जाता कि 'क्या यह तुम्हें अपनी जरूरत लगती है ?' तो वह इस बात को कभी नहीं मानता।

सर्वेक्षण करके देखेंगे तो आपको पता चलेगा कि समझ न होने की वजह से लोग उनके साथ होनेवाली घटनाएँ स्वीकार नहीं कर पाते हैं और रोज अनेक दुःखों में जीते हैं। इन दुःखों से बाहर आने के लिए उन्हें समझ द्वारा प्राप्त साहस चाहिए। सत्य की राह पर चलने का साहस और समझ हर इनसान को चाहिए, क्योंकि सत्य मन को अतार्किक लगता है। जब मन यह बात न माने कि इस घटना की मुझे जरूरत है, तब मन से कहें, 'यह वही है जिसकी मुझे जरूरत है।' कभी ऑफिस में किसी व्यक्ति ने आपकी तरकीब यानी आइडिया चुराकर अपने नाम पर प्रस्तुति की और उसे पूरा श्रेय (क्रेडिट) मिल गया, कामयाबी मिल गई। तब भी आप यह याद रखें और कहें कि 'यह वह है जिसकी मुझे जरूरत है।' मन तो कहेगा कि 'मैं नहीं मान सकता कि इसकी मुझे जरूरत है।' मगर भविष्य में आगे क्या होने जा रहा है, यह ज्ञान मन को नहीं है। अब समझें कि इस मंत्र का इस्तेमाल हमें अपने जीवन में कैसे करना है।

'यह वह है' स्वीकार मंत्र कैसे इस्तेमाल करें ?

जब आप लिफ्ट के सामने खड़े हैं और लिफ्ट नीचे नहीं आ रही है तो आप यह मंत्र दोहराएँ, 'यह वह है जिसकी मुझे जरूरत है।' जब तक लिफ्ट नहीं आती तब तक आप वर्तमान में आएँ। आपको जो भी समय मिला है, उस समय में आप अपने चारों तरफ आश्चर्य करने लायक क्या है, यह देखें और वर्तमान में रहें, अन्यथा व्यक्ति का मन भूतकाल और भविष्यकाल में ही भागता रहता है। वह ईश्वर से प्रार्थना करता है, 'हे ईश्वर! मुझे धीरज दो, सब्र दो।' और लिफ्ट नहीं आती तो वह चिढ़ता है। उसे पता ही नहीं चलता कि यह घटना उसकी प्रार्थना का फल है। जब भी आप किसी कतार में इंतजार कर रहे हैं—राशन की कतार में, टेलीफोन की कतार में या बिल भरने की कतार में—तब अपने आपसे कहें, 'मैंने जो प्रार्थना की थी कि मुझे धीरज दो, यह उसकी ही व्यवस्था है।' कितने

खूबसूरत ढंग से आपकी प्रार्थनाएँ पूरी हो रही हैं ! जीवन का यह नियम बिना जाने अगर सीधा आप किसी से कहेंगे कि आपके साथ जो हो रहा है, वह आपकी जरूरत है और आपकी प्रार्थना का फल है तो वह बहुत नाराज हो जाएगा।

आप धैर्यशाली बनना चाहते हैं तो कुछ ऐसी घटनाएँ होंगी, जो आपको धैर्यशाली बनाएँगी। ऐसा न सोचें कि धैर्य मिलेगा, यानी हम पर आकाश से फूल बरसेंगे और अचानक हम धैर्यशाली बन जाएँगे, ऐसा नहीं है। वह तो कहानियों में बच्चों को समझाने के लिए बताया जाता है। आप जो भी प्रार्थनाएँ कर रहे हैं, जैसे—'हे ईश्वर! मुझे साहस चाहिए।' तो आपके जीवन में ऐसी कुछ घटनाएँ होंगी, कोई व्यक्ति आएगा और आपको डराएगा। ऐसी अवस्था में आप कहें, 'इस घटना द्वारा मेरा साहस बढ़ेगा। यह घटना मेरी जरूरत है (यह वह है)।' जब आपको ये विचार आएँगे तब आप उस घटना को चुनौती समझकर लेंगे और बहुत जल्दी देखेंगे कि आप में बड़ा साहस आ जाएगा। मगर जब आप यह रहस्य भूल जाएँगे तब आप दुःखद अनुमान लगाएँगे और दुःखी होंगे। वरना ऐसा होता है कि आपने साहस के लिए प्रार्थना की और किसी ने आपको डराया, फिर आपको वह डर की तरंग इतना परेशान करने लगी कि आपका ब्लड प्रेशर बिगड़ गया और सब कुछ गड़बड़ हो गया। इस तरह से आप बीमार हो जाते हैं और भूल जाते हैं कि कौन सी प्रार्थना की वजह से वह घटना हुई थी। इनसान यदि जीवन के ये सारे नियम जान जाए, तो वह कैसा जीवन जी रहा होगा, यह वह सोच पाएगा। जिसे ये नियम मालूम हैं, इन नियमों पर दृढ़ विश्वास हुआ है, उसका जीवन बहुत ही बढ़िया होगा।

वर्तमान का प्रतिसाद

आप रास्ते से जा रहे हैं और ट्रैफिक जाम की वजह से रास्ता बंद है तो उस घटना में पहले आप बहुत चिढ़ते थे। गाड़ी चलाते समय पास से कोई कट मारकर निकल गया तो आप उसे बहुत गालियाँ देते थे; मगर अब यह मंत्र मिलने

के बाद जब भी ऐसी घटनाएँ होंगी तब आप कहेंगे, 'This is that what I need. यह वह है, जिसकी मुझे जरूरत है।' जब समझ होगी तब आप कहेंगे, 'सबक सिखाने के लिए यह घटना मेरे साथ हुई है।' अगर आगे कहीं वह व्यक्ति मिल जाय जिसने आपको कट मारा तो आप उसे धन्यवाद देंगे। यह जरूरी नहीं है कि वह व्यक्ति आपकी भावना समझे कि आपने उसे धन्यवाद क्यों दिया, लेकिन आपको अपना काम करना है। मन में तो तुरंत धन्यवाद दे ही सकते हैं।

इस तरह जीवन में कई अलग-अलग घटनाएँ होती हैं। किसी ने आपकी कोई वस्तु तोड़ दी तो आपको तुरंत गुस्सा आएगा; किंतु यह मंत्र याद आएगा तो आप सोचेंगे कि वह टूटी हुई वस्तु कैसे जुड़ सकती है। घटना होने पर जो आवश्यक प्रतिसाद है, उस प्रतिसाद पर आप जरूर सोचें। अब क्या किया जा सकता है, इस बात पर सोचें; मगर घटना होने के बाद सबसे पहले 'यह वह है' (This is that) कहें और आगे बढ़ें।

रास्ते में कोई व्यक्ति मिला, जो पहचान का था और वह आपकी तरफ देखकर हँसा ही नहीं तो आप कहेंगे, 'यह (सामनेवाले का न हँसना) वह है जिसकी मुझे जरूरत है—(This is that what I need). उसकी जो जरूरत है वह उसे मालूम हो, मगर यह आपकी जरूरत थी। किसी ने आपको 'हैलो' भी नहीं कहा; 'कैसे हो', यह पूछा ही नहीं। पार्टी में गए तो 'खाना खाया या नहीं', यह पूछा ही नहीं। खाना खत्म हो गया और आपको खाने को मिला ही नहीं तो आप कहेंगे, 'यह वह है जिसकी मुझे जरूरत है।' (This is that what I need). आपको उपवास की जरूरत होगी तो उपवास हो जाएगा।

लोगों के साथ इस तरह की घटनाएँ होती हैं कि उनके घरवाले होटल से खाना खाकर आते हैं और उनके लिए कुछ भी नहीं लाते। ऐसी अवस्था में लोग रात भर परेशान होकर करवटें बदलते रहते हैं और घरवालों को दोष देते हैं, 'मेरे लिए खाना रखा ही नहीं। खुद खाकर आए, मगर मेरे लिए लाया ही नहीं।' घरवाले कहते हैं, 'हमने समझा, तुम दोस्तों के साथ गए थे तो खाना खाकर

आओगे। इसलिए हम तुम्हारे लिए खाना लाए ही नहीं।' ऐसी घटनाओं में लोग बहुत परेशान होते हैं और उन्हें लगता है कि उनकी ओर कोई ध्यान ही नहीं देता, उनसे कोई प्रेम ही नहीं करता। मगर जीवन का नियम पता चलने के बाद आप कहेंगे, 'यह वह है जिसकी मुझे जरूरत है।' (This is that what I need). आज उपवास की जरूरत होगी, इसलिए ऐसी घटना हुई। ऐसी घटनाओं में सामान्य ज्ञान (कॉमन सेंस) का जरूर इस्तेमाल करें। अगर खाने के लिए कुछ बन सकता है या आप कुछ बना सकते हैं तो जरूर बनाएँ। अगर दूध बचा है तो कम-से-कम वह पी लें। ऐसा न कहें कि 'उपवास ही है तो अब मैं दूध भी नहीं पीऊँगा।' जान-बूझकर शरीर को न सताएँ। समझ के साथ यह नियम जानेंगे तो आप इसका आनंद लेंगे। इस तरह छोटी-छोटी घटनाएँ भी आपके लिए बहुत बड़ा चमत्कार कर सकती हैं।

आपके घर में टी.वी. देखते समय कोई रिमोट कंट्रोल ले जाता है। वह टी.वी. के चैनल बदलता है और आप सिर्फ देखते रहते हैं। आपको पता नहीं कि इसे कौन सा चैनल पसंद आएगा। उस समय आप बैठे-बैठे मन में कहेंगे, 'यह वह है जिसकी मुझे जरूरत है।' इस तरह हर घटना में आप इस मंत्र को याद कर सकते हैं, फिर चाहे क्रिकेट में कोई देश मैच हार जाय या जीत जाय। जो भी घटना हो रही है, उस घटना में अपने लिए कहें, 'यह वह है जिसकी मुझे जरूरत है। (This is that what I need). फिर अगर आपका देश मैच हार गया तो आप टी.वी. नहीं तोड़ेंगे। अपना देश हारने के बाद लोग बहुत दुःखी और परेशान रहते हैं। अखबार में, अड़ोस-पड़ोस में और ऑफिस में लोग यही चर्चा करते रहते हैं। इससे उनका बहुत सारा समय बरबाद होता है। लोग कभी यह नहीं सोचते कि वे खुद कैसे चौका लगा सकते हैं। जब वे इस बात पर सोचेंगे तो चौंक जाएँगे! फिर उन्हें लगेगा कि 'यह तो मैंने कभी सोचा ही नहीं।' अब चौंकने का समय आया है, चौका लगाने का समय आया है, जीवन का नियम जानने का समय आया है और साहस दिखाने का समय आया है।

मंत्र के साथ सामान्य बुद्धि का इस्तेमाल जरूर करें

आपको जो मंत्र दिया गया है, उसके साथ सामान्य ज्ञान का इस्तेमाल जरूर करें। जैसे मंदिर के बाहर चप्पल चोरी हो गई और आपने कहा, 'यह वही है जिसकी मुझे जरूरत है।' (This is that what I need). यह कहने के बाद आपको चप्पल नहीं ढूँढ़नी है, ऐसा नहीं बताया गया। चप्पल ढूँढ़ने के लिए आपको अपनी तरफ से जो प्रयास करने हैं, वे आप जरूर करें। यह आवश्यक है। अंदर से जैसे ही आप मंत्र (यह वही है जिसकी मुझे जरूरत है) कहेंगे तो एक स्वीकार भाव आएगा। अब जो काम होगा वह तीव्र बुद्धि से होगा, तेज बुद्धि से होगा। आप समझ जाएँगे कि किसी ने गलती से आपकी चप्पल पहन ली है, वरना तनाव में भरी हुई बुद्धि सोच भी नहीं पाती। इसलिए जो बताया गया है, उसका सही अर्थ समझें और सामान्य ज्ञान का इस्तेमाल जरूर करें।

यदि किसी को कहा जाय कि 'मंद स्वर में बोलना चाहिए', तो उसे सामान्य ज्ञान (सहज बुद्धि) इस्तेमाल करना है, यानी किसी को दूर से बुला रहे हैं तो वहाँ आवाज बढ़ानी है। आप दूर खड़े व्यक्ति को भी धीरे से बुलाएँगे तो वह आपकी आवाज सुन नहीं पाएगा। इसलिए सामान्य ज्ञान का इस्तेमाल जरूर करें। किसी भी घटना में स्वीकार के साथ ब्रैकेट में डालने के बाद जो आवश्यक प्रतिसाद है, वह जरूर दें; जिन्हें उस घटना के बारे में जानकारी देनी है, उन्हें जरूर बताएँ।

आपको जो ज्ञान मिला है, उसके पालन करने का यह अर्थ नहीं है कि आप किसी भी घटना को स्वीकार करने के बाद कुछ भी न करें। आज तक अध्यात्म में यही होता आया है कि लोगों को एक बात समझाई जाती है तो वे दूसरी बात पकड़कर बैठ जाते हैं। जिन्हें पढ़ाई या काम नहीं करना है, वे घटनाओं को बहाना बना देते हैं। जिन्हें काम से भागना है, वे तो सत्य का भी बहाना बना लेते हैं। वे ज्ञानी बनकर ज्ञान के शब्दों का इस्तेमाल अपने तमोगुण को बढ़ाने के लिए करते हैं। लोग चरस या गाँजा पीते हैं और कहते हैं, 'फलाँ संत भी गाँजा पीते थे।' अगर उस संत को पता होता कि लोग आगे चलकर उसके नाम पर ऐसा करनेवाले हैं तो वे पहले ही कारण बता देते या खुद गाँजा

पीना छोड़ देते। वे संत गाँजा क्यों पीते थे, यह तो लोगों ने कभी जाना नहीं और सिर्फ संत की बाहरी क्रिया को एक बहाना बना लिया। ऐसी बातें पकड़कर लोग जीवन भर धोखे में जीते रहते हैं।

अपने आपसे ईमानदारी से पूछें कि 'आप सत्य पर चलना चाहते हैं या सत्य का बहाना चाहते हैं?' सत्य का बहाना बनानेवाले लोगों ने ही सत्य को भ्रष्ट किया है। बुद्ध ने एक बात कही तो उसे भ्रष्ट करके लोगों ने अपनी ही मनमानी की। जो बुद्ध, महावीर या किसी भी महापुरुष ने कभी नहीं कहा, वे बातें लोग करते रहे; क्योंकि उन लोगों का सत्य से कभी कोई लेना-देना ही नहीं था। उन्हें तो अपना अहंकार बढ़ाने के लिए सत्य के शब्दों का सहारा चाहिए था। इसलिए आप हमेशा अपने आपसे ईमानदारी से पूछें कि आप सत्य की राह पर चल रहे हैं, सत्य के मंत्र का इस्तेमाल कर रहे हैं तो वाकई सत्य पर चलने के लिए कर रहे हैं या अपनी सुस्ती को छिपाने के लिए कर रहे हैं? इस सवाल पर मनन करने के बाद ही सत्य का मार्ग चुनें। सत्य की राह में सहज बुद्धि (सामान्य ज्ञान) का जरूर इस्तेमाल करें। ऐसा करने से आप सजग हो जाएँगे, जीवन के नियम समझ पाएँगे, उन पर अमल कर पाएँगे। स्वीकार के मंत्र के साथ आप हर घटना को निमित्त बना पाएँगे तथा स्वीकार के जादू को अपने जीवन में असर करते हुए देख पाएँगे।

□

हर जीव-जंतु के अंदर आनंद है; लेकिन केवल इनसान को ही वह आनंद हर समय जितना चाहे, मिल सकता है।

भाग 8

स्वीकार सार

इस पुस्तक का लक्ष्य है—तुरंत खुशी पाने के लिए पहला कदम उठाना, पहले मंत्र पर काम करवाना। कुछ लोगों में डर की वजह से सिकुड़न ज्यादा है कि अँधेरे में जाएँगे तो कोई पकड़ लेगा, नई जगह पर जाएँगे तो डर लगता है। ऐसे लोगों के लिए यह मंत्र बताया गया है, **'मैं ईश्वर की दौलत हूँ। कोई भी गलत शक्ति मुझे छू नहीं सकती'**, "I am God's Property, no evil can **touch** me." यह मंत्र आप किसी भी भाषा में दोहरा सकते हैं। यह मंत्र उन लोगों के लिए है, जिनके अंदर डर है। डर की वजह से वे खुल नहीं पाते। उन्हें यही पंक्ति बार-बार दोहरानी है।

शब्दों में, मंत्रों में शक्ति होती है। पुराने जमाने में जो शाप या वरदान देते थे, वे सत्य साबित होते थे। इसलिए यह मंत्र, 'मैं ईश्वर की दौलत हूँ, मुझे कोई गलत शक्ति छू नहीं सकती। कोई भी गलत घटना मुझे छू नहीं सकती', दोहराने से जिस डर की वजह से आप सिकुड़ गए हैं, वह सिकुड़न दूर हो जाएगी।

इस संदेश का मूल लक्ष्य क्या है, यह आपको पता चले। इसके आगे के अध्याय में जिन खुशियों के बारे में बताया गया है, उनमें लक्ष्य यही है कि पाँचवीं और छठी खुशी प्राप्त करने के बाद हमें अंतिम खुशी सातवीं खुशी प्राप्त हो। जब हम अपने आपको जान लेते हैं तब वह अनुभव कर पाते हैं, जिसे शब्दों में आत्मसाक्षात्कार कहा गया है। अपने आपको जानकर जो खुशी प्राप्त होगी, वही है सातवीं खुशी।

असली आनंद तक पहुँचने के लिए सिकुड़न बंद हो जाय और हम मूल अवस्था (तेजस्थान) तक पहुँचें, जिसके लिए रास्ता है स्वीकार भाव का मंत्र—'क्या मैं यह स्वीकार कर सकता हूँ? जो भी हो रहा है, क्या मैं यह स्वीकार कर सकता हूँ?' इस मंत्र के साथ आपके लिए बहुत से सफलता के दरवाजे खुलने लग जाएँगे, आपकी सिकुड़न बंद हो जाएगी। आपको हाथ ऊपर करवाने की एक्सरसाइज बताई गई, जिसमें आप खुलकर आनंद लेकर देखें। हर दिन घर पर जब आप अकेले हों या बाथरूम में हों, जहाँ पर भी संभव हो, आप पूरी तरह से खुलकर देखें। खुलने के साथ जो आनंद होगा, वह आप महसूस कर पाएँगे।

आज तक आपके सामने कई चीजें, घटनाएँ और अवसर आए हैं; मगर अवसर की ड्रेस में न उलझें, अवसर को पहचानें। अगर यह ज्ञान आप तक पहुँचा है तो आप इसका ज्यादा-से-ज्यादा लाभ उठाएँ और महाआसमानी शिविर में महामंत्र प्राप्त करें, उसकी तैयारी करें। महाआसमानी शिविर के बाद आपकी हर सुबह नए ढंग की होगी। हर सुबह जब आप उठेंगे तो दो बार उठेंगे। अभी तक आप एक ही बार उठते आए हैं, मगर महाआसमानी शिविर* करने के बाद दो बार उठने की कला आपको पता चल जाएगी और सत्य में जागरण की कला मिल जाएगी।

---

*महाआसमानी महानिवासी शिविर की जानकारी के लिए देखें, पृष्ठ संख्या 113

यह पूरी पुस्तक पढ़ने के बाद जिन्हें 'सुई और कार' की कहानी, जो प्रस्तावना में दी गई है, स्वीकार नहीं हो रही थी, वे वह कहानी फिर से पढ़ें। वह कहानी पढ़कर देखें कि क्या अब वह कहानी आपको स्वीकार हो रही है? स्वीकार का आनंद आपको मुबारक !

□

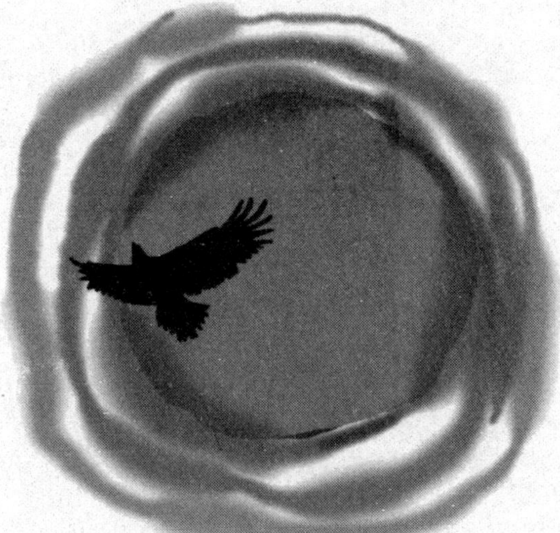

खंड 2

खुशी के प्रकार और बाधाएँ

गरीब इनसान खुश हो सकता है, पर खुश इनसान कभी गरीब नहीं हो सकता; इसलिए कहें और करें— 'हैप्पी थॉट्स।'

भाग 9

सात प्रकार की खुशियाँ

स्वानुभव की खुशी प्राप्त करें

पहले प्रकार की खुशी—झूठी खुशी

झूठी खुशी यानी जहाँ अज्ञान है। वहाँ यह पता ही नहीं है कि नकली चीज को असली समझकर पूरा जीवन बिताया जाता है। झूठी खुशी में इनसान क्या करता है, इसे नीचे दिए गए उदाहरणों से समझें—

1. एक व्यक्ति बस से कहीं जा रहा था। कंडक्टर के पहुँचने से पहले ही उसका स्टॉप आ गया और वह उतर गया। वह यह सोचकर बड़ा खुश हो रहा था कि 'मेरे टिकट के तीन रुपए बच गए।' यह है झूठा आनंद। हालाँकि उस वक्त लगता है कि यही असली आनंद है; मगर उसे पता ही नहीं कि उसके झूठे आनंद की वजह से जो तीन रुपए बच गए हैं, उससे उसके पास आनेवाले 300 रुपए शायद रुक गए हों। पता नहीं 3,000 रुपए... 30,000 रुपए... या 3,00,000 रुपए रुक गए हों।

इसका अर्थ एक छोटा सा कंकर, जो पाइप लाइन में आ गया हो, वह पानी का बहाव (फ्लो) कम कर सकता है। हमारी जिंदगी में भी पैसा आ रहा था, खुशियाँ आ रही थीं; मगर किसी-न-किसी ऐसी रुकावट (ब्लॉक) की वजह से, ऐसे झूठे आनंद की वजह से हम तक नहीं पहुँच रही थीं। पानी की पाइप लाइन में छोटे-छोटे कंकर भी पानी के बहाव को रोकते हैं। जीवन में झूठी खुशी प्राप्त करने के लिए जो ब्लॉक्स हम डालते हैं, वे बहुत कुछ रोक देते हैं। जीवन के नियम जिन्हें पता नहीं हैं वे अज्ञान में, झूठी खुशी में उलझते रहते हैं।

2. एक व्यक्ति फिल्म देखने गया था। उसने टिकट खरीदी। गलती से टिकट देनेवाले ने उसे एक की जगह दो टिकटें दे दीं। कभी-कभी ऐसी गलती हो जाती है कि टिकटें आपस में चिपकी हुई हों तो गलती से एक साथ दो आ जाती हैं। वह व्यक्ति बड़ा खुश हुआ कि दो टिकटें एक के ही मूल्य में मिल गईं। फिर उसने एक टिकट ब्लैक में बेच दी, फिल्म देखी और बोला, 'आज तो बड़ा मजा आया! मुफ्त में फिल्म भी देखकर आए, बड़ा-पाव भी खाकर आए। बढ़िया हो गया! मजा आया, बहुत खुशी मिली।' आप जानते हैं कि यह असली खुशी नहीं है।

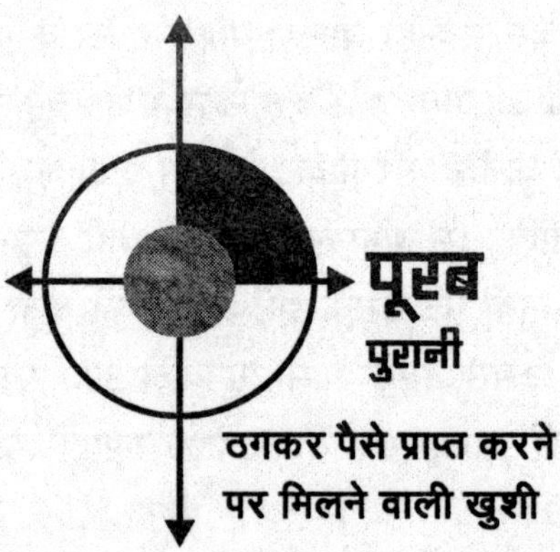

3. एक व्यक्ति ने अपने मित्र से पैसे लिये थे, किंतु लौटाने का नाम ही नहीं ले रहा था और जब मित्र ने उससे पूछा कि 'भई, मेरे पैसे कब लौटा रहे हो?' तब उसने कहा, 'मुझे क्या पता? मैं क्या ज्योतिषी हूँ, जो मुझसे पूछते हो!' इस तरह लोग किसी के पैसे लेते हैं तो लौटाने का नाम ही नहीं लेते।

ये झूठी खुशियाँ हैं। अगर पैसा बचाने के लिए झूठ और कपट का इस्तेमाल किया जा रहा है तो वह झूठी खुशी है। इसमें न उलझते हुए हम असली खुशी की तरफ जाएँ।

दूसरे प्रकार की खुशी—नकली (सेकंड हैंड) खुशी

जिस तरह कुछ लोग सेकंड हैंड (पुरानी) चीजें लेने में उत्सुक होते हैं, मगर ऐसी चीजों का इस्तेमाल ज्यादा दिनों तक नहीं होता है, उसी तरह सेकंड हैंड हैप्पीनेस (द्वितीय खुशी) होती है। इसमें व्यक्ति सामनेवाले को चिढ़ाकर, सताकर आनंद लेता है, उसे अच्छा लगता है। किसी को 'कालिया' कहा, किसी को 'ठिंगना' कहा, किसी को 'ढापन्या' (काना) कहा—पता नहीं क्या-क्या शब्द कहे तो उसे अच्छा लगता है। किसी का मजाक उड़ाने से उसके मन में गुदगुदी होती है। जैसे चार मित्र मिलकर एक व्यक्ति को सताते हैं तो उन्हें अच्छा लगता है। हर स्कूल-कॉलेज में इस तरह के दृश्य (रैगिंग) देखने को मिलते हैं। यह सेकंड हैंड हैप्पीनेस है। इसे कुछ और उदाहरणों से समझें—

1. एक व्यक्ति अपने गधों को लेकर रास्ते से जा रहा था। एक हवलदार वहाँ खड़ा था, जो सेकंड हैंड हैप्पीनेस चाहता था। हवलदार ने उस व्यक्ति से कहा, 'अपने भाइयों को सँभालो!' जो व्यक्ति गधों को लेकर जा रहा था, उसने गधों से कहा, 'सीधी लाइन में चलो, वरना तुम्हें भी पुलिस में भरती करा दूँगा।' इस तरह यह उसे चिढ़ा रहा है, वह उसे चिढ़ा रहा है।

2. पति–पत्नी कहीं जा रहे थे। किसी वृक्ष पर बंदर बैठा हुआ था, जिसे देख पति ने अपनी पत्नी से कहा, 'देखो, तुम्हारा रिश्तेदार बैठा है।' यह सुनकर पत्नी ने झट से जवाब दिया, 'मैं भी क्या करूँ, रिश्तेदार तो है, मगर शादी के बाद बना है।' यह नकली आनंद है, जो किसी को चिढ़ाकर मिलता है।

3. दो मित्र मिलते हैं तो एक–दूसरे का मजाक उड़ाने के लिए कुछ–न–कुछ कहते रहते हैं। एक मित्र दूसरे मित्र से कहेगा, 'अरे, एक ऐसी बात है जो कभी भी पागलों को नहीं बतानी चाहिए और अगर कोई पागल वह बात पूछे तो उसे टाल देना चाहिए।' तब दूसरा मित्र पूछता है, 'क्या बात है वह?' पहला कहता है, 'अच्छा, मैं कल बताऊँगा तुम्हें।' यानी वह उसे जता रहा है कि तुम पागल हो। इससे उसे मजा आया। इस तरह किसी को चिढ़ाकर मिलनेवाला आनंद सेकंड हैंड हैप्पीनेस है।

4. घर में देखा जाता है कि भाई–बहन एक–दूसरे को चिढ़ाते हैं, झगड़ते हैं। जब बात बहुत बढ़ जाती है तब एक–दूसरे से माफी माँगते हैं, फिर पार्टी करते हैं, खुश होते हैं। इस तरह नकली खुशी चलती है। असली आनंद क्या है, यह जब तक नहीं पता है तब तक इनसान ऐसी खुशी में उलझा रहता है।

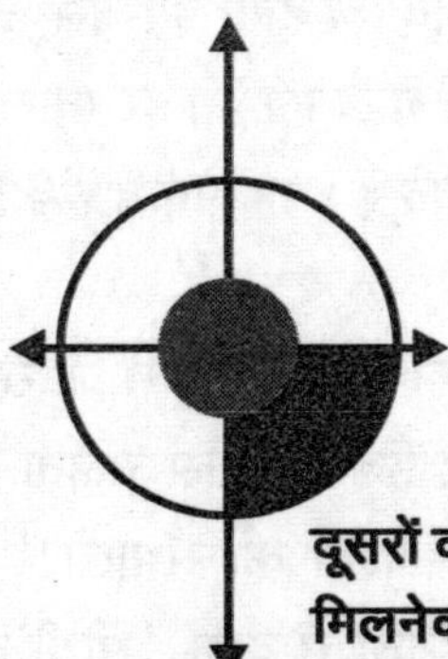

5. कोई व्यक्ति किसी को रांग नंबर पर फोन करके बार-बार एक ही सवाल पूछता है कि 'क्या पंकज घर पर है?' सामनेवाला कहता है, 'रांग नंबर, यहाँ कोई पंकज नहीं रहता।' थोड़ी देर बाद फिर उसी व्यक्ति का फोन आता है कि 'भई, पंकज को बुलाओ, उससे बात करनी है।' उस घर का सदस्य उस व्यक्ति से कहता है, 'यहाँ कोई पंकज नहीं रहता, यह गलत नंबर है।' तीसरी बार फिर से वही व्यक्ति फोन करता है। जब सामनेवाले को बहुत गुस्सा आ जाता है तो फोन करनेवाले को बहुत अच्छा लगता है कि 'कैसे इसे चिढ़ाया।' और यह सब करने के बाद भी वह फिर से फोन करता है और कहता है कि 'मेरा कोई फोन आया था क्या? मैं पंकज बोल रहा हूँ।'

अब वह व्यक्ति कैसी परिस्थिति तैयार कर रहा है! क्योंकि उसे मिल रहा है नकली आनंद (सेकंड हैंड हैप्पीनेस)। यह दूसरे तरह की खुशी है। हर तरह की खुशी में हम देखें, अपने आपसे पूछें कि हम इन सात खुशियों में कहाँ पर हैं।

तीसरे प्रकार की खुशी—उत्तेजन खुशी

तीसरे तरह की जो खुशी है, उसे कहा गया है उत्तेजन खुशी, जो खुशी उत्तेजना से आती है। जैसे कोई पार्टी में जाता है, वहाँ धूम-धड़ाका होता है तो उत्तेजना (एक्साइटमेंट) तैयार होती है।

1. कोई टी.वी. पर नए साल का प्रोग्राम देख रहा हो तो उसे एक्साइटमेंट होती है, उत्तेजना मिलती है।
2. क्रिकेट मैच चल रहा है और अंत पर जा रहा है तो वहाँ एक्साइटमेंट तैयार होती है। 'अरे, क्या होने जा रहा है?... क्या होने जा रहा है?...' खेल का रोमांच उत्तेजना तैयार करता है।
3. किसी को सस्पेंस फिल्म देखते हुए उत्तेजना होती है। जब तक रहस्य नहीं खुलता तब तक मन रोमांचित रहता है।

4. पार्टी, पिकनिक, दीवाली, जन्मदिन, शादी इत्यादि सब उत्तेजनात्मक (एक्साइटमेंट) आनंद हैं। इस तरह की उत्तेजनाओं में लोग लगे हुए हैं, जो दिन-ब-दिन बढ़ती जा रही है। उत्तेजनाओं के साथ क्या होता है ? अगर इस वक्त कोई पार्टी की जाय और आप बहुत खुश होकर यह कहते हुए घर गए कि 'पार्टी में तो बड़ा मजा आ गया'; मगर पार्टी खत्म होने के बाद क्या होता है ? उसके दूसरे दिन ? चौथे दिन ? अचानक आप अपने आपको बोर महसूस करते हैं, डल महसूस करते हैं। आपको आश्चर्य हुआ होगा, अचानक किसी दिन आप डल क्यों हो जाते हैं ? निराश क्यों हो जाते हैं ? बोर क्यों हो जाते हैं ? मगर आपको पता नहीं है, तीन दिन पहले वह जो पार्टी हुई थी, उसका फल आज आ रहा है। चूँकि शरीर को जो एक्साइटमेंट मिली थी, हमारे शरीर की हर नब्ज उत्तेजनात्मक हो गई थी, जिसकी वजह से हम अपने आपको जिंदा महसूस कर पाए, 'अरे, कुछ तो नया लग रहा है··· something new।' फिर दो-चार दिन के बाद वह पूरी उत्तेजना खत्म हो गई। अब कैसा लग रहा है ? डल···अब कैसा लग रहा है ? बोझ··· अब कैसा लग रहा है ? अकेलापन··· निराशा।

जो व्यक्ति यह जान गया कि बोरियत आई तो कहाँ से आई, वह असली आनंद की तलाश करेगा, तहकीकात करेगा। जिन्हें असली आनंद पता ही न हो तो वे क्या करेंगे? वे फिर से एक नई एक्साइटमेंट ढूँढ़ेंगे। और क्या करें? फिर किसी को फोन करेंगे, 'चलो, इस दिन पार्टी करें, या इस दिन मिलें। ये करें, वो करें—यानी एक उत्तेजना खत्म हुई नहीं कि दूसरी की चाहत जगती है, तो एक और उत्तेजना तैयार हो जाती है। अगर कुछ भी न हो—कोई त्योहार भी नहीं है, कोई पार्टी भी नहीं है, कोई पिकनिक भी नहीं है तो फिर क्या करेंगे? फिर कल्पनाएँ करेंगे। बहुत से लोगों को देखेंगे तो वे उत्तेजनाओं की कल्पनाएँ करते रहते हैं, ताकि फिर से एक्साइट हो जाएँ। ऐसा आनंद कुछ क्षण के लिए ही होता है, फिर वह शराबखाने में हो, जुआ घर में हो या रेसकोर्स पर हो। वह क्षण खत्म होने के बाद फिर से वही अवस्था आती है, बोरियत व डलनेस की और व्यक्ति यह कभी जान नहीं पाता, जिसे दूर करने के लिए वह फिर से उत्तेजना तैयार करता है। उत्तेजना से ही बोरियत, दुःख और परेशानी ज्यादा बढ़ती है।

इसे समझें, पूरे नर्वस सिस्टम में जब कोई उत्तेजना प्रकट होती है तो वह नर्वस सिस्टम उस शरीर को एनर्जेटिक यानी उत्साहित बना लेता है। क्रोध भी लोग इसलिए करते हैं, क्योंकि क्रोध करके उनका पूरा शरीर तरंगित होता है। उन्हें अच्छा लगता है।

जैसे इनसान शरीर पर खराश होने पर खुजलाता है, खुजलाने से उसे आनंद भी आता है; मगर उसे यह पता नहीं कि इससे खुजली और बढ़ रही है, वह चमड़ी का रोग और बढ़ रहा है, हालाँकि उस वक्त तो उसे अच्छा लगता है। उत्तेजना के साथ भी ऐसा ही है—जब उत्तेजना ऊपर उठी तो अच्छा लगता है, मगर जब वह नीचे गिरती है तब फिर से डल-डल (बोर) महसूस होता है। पहले से भी बदतर महसूस होता है। व्यक्ति फिर नई पार्टी का आयोजन करता है, नए दोस्तों से मिलता है, नया कुछ चाहता है, ताकि फिर से उसे वह उत्तेजना मिले। इस तरह उसका पूरा जीवन बीत जाता है। व्यक्ति इस तरह के आनंद में रहता है, जिसे कहा गया उत्तेजन खुशी।

चौथे प्रकार की खुशी—फॉर्मूला खुशी

यह आनंद फॉर्मूला से बना हुआ आनंद है। फॉर्मूला का अर्थ है— दो चीजों को जोड़कर एक फॉर्मूला बना दिया गया। दो तरह की खुशियों को जोड़कर एक फॉर्मूला बना दिया गया। जब हम दो चीजें जोड़ते हैं X+Y=Z तो यह है फॉर्मूला। स्कूल में ऐसे फॉर्मूले बच्चों को सिखाए जाते हैं। हर एक व्यक्ति अपने जीवन में आनंद का कुछ-न-कुछ फॉर्मूला बनाकर बैठा है। जैसे—

1. बच्चों के लिए फॉर्मूला आनंद क्या है? रविवार (छुट्टी) का दिन और उसके साथ अप्पूघर (बच्चों के बगीचे में) जाना हो तो यह और ज्यादा आनंद (बेस्ट फॉर्मूला) संडे + अप्पूघर = आनंद। जिस दिन यह फॉर्मूला होता है, उस दिन बच्चे बहुत खुश होते हैं। इसे कहते हैं 'फॉर्मूला आनंद'।
2. किशोरों के लिए आनंद क्या है? फलाँ-फलाँ फिल्म हो और उसमें फलाँ ऐक्टर (हीरो) या ऐक्ट्रेस (हीरोइन) हो तथा शुक्रवार फिल्म का पहला शो देखने को मिले तो उनके लिए यह एक आनंद का फॉर्मूला है कि 'यह बहुत अच्छा हुआ, अब इससे और भी ज्यादा मजा आएगा।'
3. बिजनेसमैन के लिए आनंद क्या है? कोई अगर बिजनेसमैन है तो उसका क्या फॉर्मूला है? दिन भर तो वह बेचारा परेशान है ही। थककर घर आया तो उसके लिए एक ही खुशी का फॉर्मूला है—रात को वह शराब लेकर बैठेगा, बियर (दारू)+ काजू, चिवड़ा = आनंद। चार भाई बिजनेस में हैं तो वे सभी एक साथ बैठेंगे या मित्र हैं तो वे बैठेंगे या पिताजी और बेटा हैं तो वे दुकान से आकर शराब पीने बैठेंगे। उनके लिए वही खुशी है, कोई और खुशी नहीं है।
4. किसी महिला के लिए आनंद का फॉर्मूला हो सकता है—तोहफा। तोहफा मिला तो उसके लिए बड़ा आनंद है और तोहफे में यदि सोने

के गहने हों तो यह उसके लिए और आनंद की बात है। तोहफा + सोना = आनंद।

5. अधिकांश लोगों के लिए आनंद क्या है ? अधिकतर लोग कामकाज से निपटकर खाली समय में दूरदर्शन के सामने समय बिताते हैं। उनके लिए आनंद का फॉर्मूला है टी.वी. + रात का खाना (डिनर)= आनंद। टी.वी. पर अगर क्रिकेट मैच हो, वह भी पाकिस्तान के साथ, तो उन्हें और भी आनंद आता है।

ये सब फॉर्मूला आनंद हैं। यह गलत है, ऐसा नहीं है; बल्कि यह इसलिए बताया जा रहा है, ताकि लोगों को असली आनंद मालूम पड़े तो वे इस तरह के आनंद को खोजेंगे ही नहीं।

फिर जैसे-जैसे आप आगे बढ़ते जाएँगे—झूठी खुशी, नकली खुशी, उत्तेजन और फॉर्मूला खुशी से जब ऊपर उठते जाएँगे तब एक ऐसा समय आएगा, जब आप उच्च की तरफ ही जाएँगे, बड़ी चीज की तरफ ही जाएँगे। उच्चतम की ओर जाने पर कौन-कौन सी खुशियाँ मिलती हैं, उनका विवरण नीचे दिया गया है।

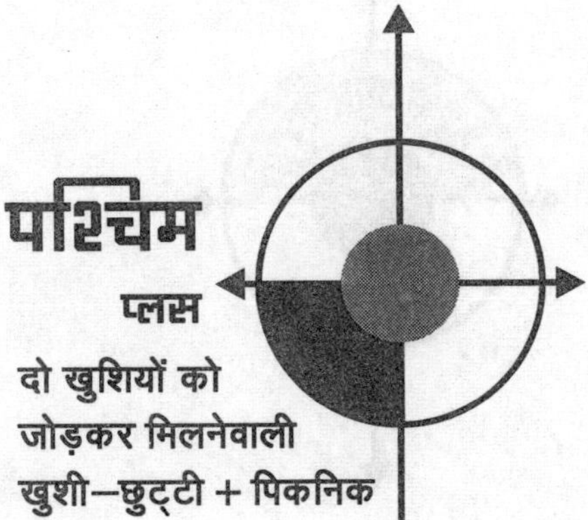

पाँचवें प्रकार की खुशी—सेवा से प्राप्त हुई खुशी

एक खुशी मिलती है—सेवा की खुशी। कुछ लोग सेवा करते हैं, लोगों के लिए निमित्त बनते हैं। अपनी बीमारियों से नीरोग होकर, अपने तनाव से बाहर आकर महिलाओं के लिए, बूढ़ों के लिए कई तरह के सेवा-कार्य, सामाजिक कार्य करते हैं, जिससे उन्हें सेवा का आनंद मिलता है, सेवा की खुशी मिलती है।

कई लोग ऐसे हैं, जो किसी-न-किसी सेवा के कार्य में जुड़े हुए हैं। वे जानते हैं कि वे जब किसी की सेवा कर रहे हैं, किसी के लिए निमित्त बन रहे हैं तो कैसा आनंद प्राप्त होता है; मगर उस सेवा में यदि सेवा का अहंकार नहीं गिरता तो सेवा अपना पूरा लक्ष्य सिद्ध नहीं कर रही है। 'सेवा वही, जिसमें सेवक (अहंकार) की मौत हो'—यानी जो सेवा कर रहा है, जो अहंकार है, वह गिर जाय। सेवा करते समय अहंकार गिरने की सफलता से भी खुशी प्राप्त होती है, जो सेवा की ही खुशी है।

छठे प्रकार की खुशी—दिव्य भक्ति की खुशी

इस खुशी में व्यक्ति को ईश्वर-भक्ति की खुशी मिलती है, जहाँ पर मनोरंजन भक्ति नहीं है, वरना भक्ति के नाम पर तो बहुत कुछ चलता है। जैसे जागरण चलता है, लोग गाने गाते हैं, भजन गाते हैं, सारी रात खाना-पीना चलता है। बहुत गीत गाए जाते हैं, फिर यह कहा जाता है कि 'हमारी यह-यह इच्छा पूरी हुई तो अगले साल हम भी जागरण रखेंगे।' इस तरह की जो भक्ति है वह या तो मनोरंजन-भक्ति है या तो बिजनेस (व्यापार) भक्ति है। बिजनेस में जैसे कहा जाता है, 'तुम मेरे लिए यह करो तो मैं तुम्हारे लिए यह करूँगा।' इस तरह से होनेवाली भक्ति व्यापारिक भक्ति है, जिससे मिलनेवाले आनंद की खुशी यहाँ नहीं बताई जा रही है। बिजनेस-भक्ति या हिलनी-भक्ति, जो अप्रिय घटना में हिल जाती है, उससे मिलनेवाली खुशी वास्तव में भक्ति की खुशी नहीं है। भक्ति की खुशी प्राप्त होती है दिव्य भक्ति से, जो बिजनेस-भक्ति और हिलनी-भक्ति से अलग है। हिलनी-भक्ति यानी जो हिल जाती है। एक देवी/देवता की मन्नत से जब इच्छा पूरी नहीं हुई तो सारी भक्ति खत्म हो जाती है। फिर कोई कहता है, 'चलो, अब दूसरा ईश्वर है, उसे ट्राय करते हैं, उसे आजमाकर देखते हैं। अब इस बार

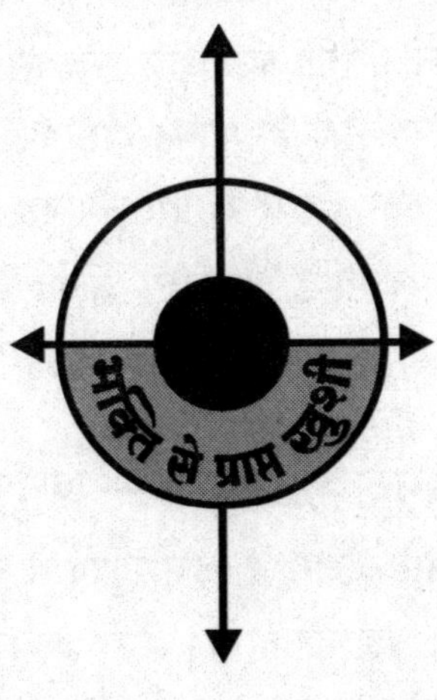

तिरुपति ट्राय करें। एक बार वैष्णो देवी जाकर देखें। कुछ और ट्राय करके देखें।' इस तरह बिजनेस-भक्ति होती रहती है। यह दिव्य भक्ति नहीं है। यहाँ पर उस ईश्वर की पहचान नहीं है। यहाँ पर ईश्वर क्या है, उसकी समझ नहीं है, सिर्फ मनोरंजन-भक्ति, बगुला-भक्ति, बिजनेस-भक्ति, प्रायश्चित्त भक्ति, हिलनी-भक्ति चलती है। इन भक्तियों से असली खुशी नहीं मिलती। असली खुशी के लिए भक्ति हो तो वह हो दिव्य भक्ति।

दिव्य भक्ति से मिलनेवाली खुशी ही छठी खुशी है। जो लोग दिव्य भक्ति जान जाते हैं, वे उच्च खुशी क्या है, यह समझ पाते हैं। जहाँ पर भक्ति बिना शर्त है। इस भक्ति में हमारी इच्छा पूरी नहीं हुई तो हमारा विश्वास, हमारा प्रेम ईश्वर के प्रति कम नहीं होगा, बल्कि इच्छा पूरी हो तो वह पारितोषिक (बोनस) है। बोनस के लिए हम भक्ति नहीं कर रहे हैं—भक्ति कर रहे हैं भक्ति के लिए, क्योंकि वह प्रेम जागा है, अंदर के ईश्वर को पहचाना है। हमारे अंदर यदि दिव्य भक्ति जाग्रत् होगी तो यह तेज खुशी हमें प्राप्त होने ही वाली है। भक्ति मार्ग पर बहुत सारे लोग इस पर काम कर रहे हैं, मगर पूरी समझ न होने की वजह से उन्हें अंध-भक्ति हो जाती है, इसलिए आपको अंध-भक्ति न हो। भक्ति मार्ग पर चलनेवालों को भी यही समझना है कि भक्ति में ऐसी कौन सी समझ जोड़ें, ताकि यह भक्ति दिव्य भक्ति हो जाय, भक्ति मंजिल बन जाय। जिससे ईश्वरीय खुशी प्राप्त होती है, जिसमें प्रार्थनाएँ निकलती हैं, भक्ति होती है, धन्यवाद के भाव निकलते हैं। इस भक्ति में जो लोग ईश्वर से प्रेम कर रहे हैं, ईश्वर उनसे प्रेम करता है। यह तेज प्रेम का आनंद है, ईश्वरीय आनंद है।

सातवें प्रकार की खुशी—अनुभव की खुशी

यह खुशी सबसे अलग है। इस खुशी में व्यक्ति मान्यताओं से मुक्त होता है, 'मैं कौन हूँ', यह जानता है। अपने आपको जानने के बाद उसे वह खुशी प्राप्त होती है, जो आत्मानुभव द्वारा मिलती है। खुशी की झलक तो हर

एक को मिलती है। हर रात जब आप गहरी नींद में होते हैं तब कहाँ होते हैं? कितने आनंद में होते हैं? सुबह जब आप उठते हैं तो कहते हैं, 'रात मैंने बहुत अच्छी नींद ली।' तो क्या सोचकर आप ऐसा कहते हैं? उस गहरी नींद में आप कहाँ और किस आनंद में थे? और वाकई आप आनंद में थे। विश्व का हर व्यक्ति नींद लेना चाहता है। कोई गोलियाँ लेकर भी नींद लेता है। नींद में सारे दुःख, सारे शरीर की पीड़ाएँ खत्म हो जाती हैं। नींद में ऐसा क्या होता है? जो उस गहरी नींद में होता है, वही जाग्रत् अवस्था में हमें मिलने लगे तो असली खुशी का स्वाद हमें मिल सकता है।

ढाई साल की उम्र तक हर बच्चा उस अनुभव में, उस जाग्रत् अवस्था में होता है। ढाई साल तक बच्चा अपने ही अनुभव पर, उसी खुशी में रहते हुए सारी खुशियाँ देखता है। फिर जैसे-जैसे वह बड़ा होता जाता है, वैसे-वैसे उसके तोलू (तुलना-तौलना करनेवाले) मन की ट्रेनिंग शुरू हो जाती है। तोलू मन (कांट्रास्ट माइंड) यानी जो दो में विभाजित करता है—काला और सफेद। जैसे टी.वी. पर कॉण्ट्रास्ट कंट्रोल होता है, वैसे ही काला और सफेद बतानेवाला एक मन तैयार होता है, जो हर चीज को देखकर कहता है—यह अच्छा हुआ, यह बुरा हुआ। उदाहरण—जब आप किसी को सुन रहे होते हैं, कुछ देख रहे होते हैं या कुछ पढ़ रहे होते हैं तब आपके मन में

कुछ और भी चल रहा होता है कि यह अच्छा बताया। यह तो कुछ खास नहीं बताया। यह तो मुझे मालूम है। इस तरह अंदर कुछ तो बातचीत चल ही रही होती है—इसी बड़-बड़ को 'तोलू मन' कहा गया है। जब तक इस मन को ज्ञान नहीं मिलता तब तक वह चुप बैठ ही नहीं सकता।

आज लोग विचारों से, मन से परेशान हैं। जब कोई विचार मन में आ गया तो छोड़ता ही नहीं है। बार-बार वही विचार आता रहता है। वही तनाव, वही दबाव आता है। जैसे—'अरे, मैं फेल तो नहीं हो जाऊँगा?' 'अरे, मुझे प्रमोशन नहीं मिला तो क्या होगा?' 'कल क्या होगा?' 'इस चीज का क्या होगा?' 'मेहमान आ गए तो अब क्या होनेवाला है? कैसे सारे काम होंगे?' इत्यादि। इतने सारे विचार एक साथ घुस आते हैं कि विचारों को रोक ही नहीं लगती और आप देखेंगे कि विचारों की वजह से ही दुःख है और वह बढ़ता रहता है। इसलिए उसे प्रशिक्षण की आवश्यकता है। यदि इस तोलू मन को फिर से बच्चा बनने की ट्रेनिंग मिलती है तो यही मन आनंद का कारण बन सकता है।

□

खुशी की सीढ़ी

हमारे जीवन में जो साँप रूपी निराशा है, जैसे तनाव, चिंता जो हमें असली खुशी प्राप्त करने से रोकते हैं, इन्हें ही खुशी को पाने के लिए सीढ़ी बनाएँ।

दूसरों की तरक्की पर खुश होना अपनी तरक्की का रास्ता खोलना है। यह कुदरत का कानून है। दूसरों के सुख में दुःखी होना अपने सुख को रोकने के बराबर है।

भाग 10

अपने आपको जानने की खुशी

मैं तो पूर्ण हूँ, हाथ नहीं

'बचपन' और 'खुशी' एक जैसे शब्द क्यों लगते हैं, क्या यह कभी आपने सोचा है? हर बच्चा ढाई साल की उम्र तक असली आनंद के अनुभव में, सहज मन के साथ होता है। ढाई साल की उम्र के बाद बच्चे में तुलना करनेवाले मन यानी 'तोलू मन' का जन्म होता है। इस तोलू मन के आने से ही बचपन (आनंद) खोने लगता है।

आपके घर में यदि कोई बच्चा है तो उसे गौर से देखें, नहीं भी है तो अड़ोस-पड़ोस के बच्चों को तो देख ही सकते हैं। जब आप बच्चों का निरीक्षण करेंगे तब यह देखेंगे कि वे कैसे अपने आस-पास देख रहे हैं। उन्हें यह बिलकुल नहीं लगता कि जैसे सामने खड़े इनसान का शरीर है, वैसे इस तरफ उनका भी शरीर है। उन्हें यह अनुभव है कि सिर्फ सामने शरीर है। अपनी तरफ वे कोई

शरीर महसूस नहीं करते। बच्चे निराकार के अनुभव से सब कुछ देखते हैं!

पालने में जो छोटा बच्चा होता है, उसे आप ऊपर से झुनझुना दिखाते हैं। झुनझुना दिखा-दिखाकर उसे आप बाहर की दुनिया में आकर्षित करते हैं। उसे ट्रेनिंग दी जाती है कि 'अनुभव से बाहर आओ। उस खुशी से बाहर आओ, जिसमें तुम सदा रहते हो।' बड़े लोग यह सब इसलिए करते हैं, ताकि बच्चा हमारे समाज, हमारी सोसाइटी के लायक बने, वरना उसी अनुभव में रहकर वह समाज के लिए किसी काम का नहीं रहेगा, नकारा कहलाएगा। उस बच्चे को हमें अपनी सोसाइटी में ही बड़ा करना है। यह आवश्यक भी है कि उसे बाहर लाया जाय; मगर फिर उसे वापस कभी अंदर जाने का मौका नहीं मिलता। ऐसे में वह बच्चा बड़ा होने से पहले ही बूढ़ा हो जाता है।

अब समय आया है कि हम फिर से बच्चे बनें, उसी अनुभव में जाएँ जहाँ हम बचपन में रहते थे। वह अनुभव जो हर बच्चा महसूस करता है, आपने भी महसूस किया है। कोई ऐसा नहीं कह सकता कि मैं बच्चा नहीं था, हर व्यक्ति कभी-न-कभी बच्चा था। वह अनुभव ले रहा था। वहाँ यह अनुभव था कि शरीर सिर्फ सामने है, अपनी तरफ कोई शरीर नहीं है। इसे मात्र साक्षी भाव से देखा जा रहा है। वहाँ पर और कुछ भी नहीं है। फिर उसे धीरे-धीरे शरीर दिखाई देने लगता है। लोग बताने लगते हैं, 'यह जो शरीर है, यही तू है।' और फिर वह अपना असली अनुभव भूल जाता है। इसलिए अपना असली अनुभव जानना है तो आपको फिर से बच्चा बनना होगा। आपको यहाँ पर बच्चा बनाने की ट्रेनिंग दी जाती है। इससे कोई यह अनुमान न लगाए कि यहाँ आपको बच्चा बनाया जाता है और फिर से तोतली भाषा में बोलना पड़ता है। ऐसा नहीं है। बच्चे का जो अनुभव है, उसमें स्थापित होना है, ताकि उस अनुभव से आप सारे निर्णय ले पाएँ। जीवन के उस अनुभव पर हम नहीं हैं तो हमारे निर्णय अहंकार, डर, लालच, द्वेष और ईर्ष्या के होते हैं। हम अपने आपको लोगों से अलग एक अस्तित्व (सीमित) मानकर निर्णय लेते हैं।

जब वह अनुभव प्राप्त करेंगे तो पता चलेगा कि एक ऐसी चीज है, जो सभी शरीरों में एक समान है। उसी चीज से हम सब जुड़े हुए हैं, चाहे बाहर से हम अलग-अलग लगते हैं। उसी खुशी को सातवीं खुशी कहा गया है, जो अनुभव से प्राप्त होती है। उसके लिए हमें कुछ बातें गहराई से समझनी होंगी।

आपको यह समझना होगा कि शरीर आप इस्तेमाल कर रहे हैं, आप शरीर नहीं हैं। आपके अंदर अपने आपको शरीर (मनोशरीर यंत्र) मानने की मान्यता बैठ गई है। जैसे आप कार चलाते हैं तो यह कभी नहीं कहते कि 'मैं कार हूँ', आप हमेशा यही कहते हैं कि 'यह मेरी कार है।' इसका अर्थ यह है कि जिस चीज के साथ आपने 'मेरा' या 'मेरी' शब्द इस्तेमाल किया, वह आप नहीं हो सकते। इस बात को अधिक गहराई से समझने के लिए हाथों द्वारा एक प्रयोग बताया गया है, जो आप कभी भी कर सकते हैं।

अपने हाथों को एक मिनट देखकर, अपने आपसे अनुभव करके यह सवाल पूछना है कि 'क्या मैं यह हाथ हूँ?' आपको अपने हाथ के साथ कौन सा संबंध महसूस होता है, कौन सा भाव आता है, यह गौर से देखें। इसमें दो तरह के भाव आ सकते हैं—कुछ लोगों को लगेगा, 'हाँ, मैं यह हाथ हूँ' और कुछ लोगों का जवाब होगा, 'मैं यह हाथ नहीं हूँ।'

जिनका जवाब आएगा कि 'मैं यह हाथ हूँ', उन्हें यह सोचना है कि 'उस हाथ को काट दिया तो क्या मैं नहीं रहूँगा? क्या मैं खत्म हो जाऊँगा? क्या ऐसा है?' ऐसा नहीं है। हाथ कट जाने पर भी आप पूर्ण हैं। अंदर से जो एहसास है, जो अनुभव है, वह यही कहता है कि 'मैं तो पूर्ण हूँ।' जैसे दुर्घटना में किसी के हाथ-पाँव टूट जाते हैं तो भी वह यही कहता है, 'मैं तो पूर्ण हूँ।' वह यह कभी नहीं कहता कि 'पहले मैं पूरा था, अब आधा हूँ'; क्योंकि शरीर के कटने से आप नहीं कट रहे हैं। जब आप यह सत्य अनुभव करने लगेंगे तब आपको समझ में आएगा। इसके लिए पहले बुद्धि से यह जानना होगा कि 'आप क्या नहीं हैं?' फिर यह जानना होगा कि 'आप क्या हैं?' एक-एक कदम द्वारा आपको यह बात जाननी है।

यही प्रयोग आप शरीर के हर अंग के साथ करके देखें कि क्या मैं यह आँख हूँ? क्या मैं यह पैर हूँ? क्या मैं यह कान हूँ? क्या मैं यह त्वचा हूँ? इत्यादि। अपने आपको जानते ही मिलती है असली (तुरंत) खुशी।

□

भाग 11

तुरंत खुशी में पहली बाधा— मान्यताएँ

मन की गलत धारणाएँ

जो अपने आप पर हँस सकता है, उसे ही दूसरों पर हँसने का अधिकार है। अपने आप पर हँसने से कठिन समस्या भी हल हो जाती है। हास्य एक बेहतरीन दवाई है।

इनसान का दुःख उसकी दिशाहीन कल्पना और ज्ञान-रहित मान्यता का कारण है। अँधेरे में टँगा कोट भूत का डर (दुःख) निर्माण करता है। रिश्तों में लोगों के प्रति लगाया गया अनुमान दुःख का कारण बनता है। इनसान का मन मान्यताओं, झूठी कल्पनाओं, धोखा देनेवाली धारणाओं से भरा हुआ होता है। जब तक यह मन इन कारणों, मान्यताओं और कल्पनाओं से खाली नहीं हो जाता तब तक खुशी को इस मन में जगह नहीं मिलती।

आपके मन में बहुत सारी मान्यताएँ गहराई में घर कर गई हैं। इन मान्यताओं और कोरी कल्पनाओं की वजह से ही आप परेशान हैं। किसी की मान्यता होगी, बिल्ली ने रास्ता काट दिया और हम आगे गुजर गए तो बुरा होगा। तो क्या वाकई ऐसा होता है या यह एक मान्यता है ? अपने आपसे पूछें

कि बिल्ली के रास्ता काटने से क्या होता है ? क्या सचमुच अपशकुन होता है या यह केवल मान ली गई मन की धारणा है ? किसी की मान्यता होती है कि हाथ में खुजली होने से बहुत पैसा मिलता है। तो क्या यह सच है ? इस तरह की कई मान्यताओं पर सोचें कि सचमुच ऐसा होता है या ये केवल मान्यताएँ हैं ?

जब ये मान्यताएँ बनी थीं तब वस्तुस्थिति, वातावरण और लोग अलग थे; तब बिजली का आविष्कार नहीं हुआ था। उस समय अलग-अलग संप्रदाय की अलग-अलग मान्यताएँ होती थीं। किसी संप्रदाय में यह मान्यता है कि 13 तारीख अशुभ होती है तो सभी लोग 13 तारीख को अशुभ मानते हैं और उस दिन डर-डरकर काम करते हैं। सोचकर देखें, क्या सचमुच 13 तारीख बुरी होती है या यह एक मान्यता है ?

किसी की मान्यता है कि आँखें फड़कने से, काले रंग के कपड़े पहनने से, आईने के टूटने से अमंगल होता है। इस दिन बाल कटवाए, दाढ़ी बनवाई तो बुरा होता है। ऐसी अनेक मान्यताएँ आप सुनते आए हैं तो क्या सचमुच ऐसा है या यह सिर्फ आप मानकर बैठे हैं ?

ये सब मन की धारणाएँ और मान्यताएँ हैं। ये तो थोड़ी सी मान्यताएँ गिनाईं, मगर मान्यताओं से पूरा विश्व भरा हुआ है। हर व्यक्ति के अंदर अलग-अलग मान्यताएँ होंगी, जिनकी वजह से वे दुःख-ही-दुःख प्राप्त करते हैं। उन्हें पता ही नहीं कि वे इन मान्यताओं की वजह से सिकुड़ गए हैं।

इन मान्यताओं से हमें बाहर आना है। हमें खुशी क्यों नहीं मिल रही है, इसका असली कारण ढूँढ़ना है। हमारी खुशी, जो हमारे ही अंदर है, जिसके लिए हमें किसी थिएटर में, किसी बगीचे में जाने की आवश्यकता नहीं है। किसी प्रमोशन का इंतजार करने की या किसी की शादी होने का इंतजार करने की आवश्यकता नहीं है, बल्कि उस खुशी (सत्य) को ढूँढ़ने की आवश्यकता है। हमारे अंदर खुशी होने के बावजूद वह हमें नहीं मिल रही है। कारण

इनसान सिकुड़ गया है। उसके खुलने के बाद ही असली खुशी प्रकट होगी। इनसान में जो सिकुड़न है, उसके पीछे का कारण हमें जानना है। उसे जानकर तुरंत खुशी कैसे मिल सकती है, इसे समझना है।

तुरंत खुशी कैसे पाएँ, इस विषय को हम धीरे-धीरे समझ रहे हैं। अब तक हमने सात तरह की खुशियाँ समझीं, जिसमें से सातवीं खुशी में खुशी का असली रहस्य पता चलता है। इसे अगले भाग में दीवार के उदाहरण (ऐनालॉजी) से अधिक विस्तार से समझें।

□

★

समझ के साथ उठाया गया हर पाँव राइट (सही) है, यानी वह हमें सही दिशा में ले जानेवाला है। राइट तो राइट है ही, लेफ्ट भी राइट है। व्हाइट तो व्हाइट है ही, ब्लैक भी व्हाइट है। ब्राइट तो ब्राइट है ही, डार्क (गाढ़ा) भी लाइट है। हैवी (भारी) भी लाइट है।

असली खुशी कोई काम पूरा होने पर नहीं होती बल्कि मन के गिरते ही मन के पीछे जो चीज है, उसके प्रकट होने से होती है।

भाग 12

खुशी का असली कारण इच्छापूर्ति नहीं है

'The Greatest Misunderstanding'

व्यक्ति इसी भ्रम में जीता है कि इच्छा पूर्ण होने से खुशी प्राप्त होती है; मगर तेजज्ञान में इसके पीछे छिपी हुई लुप्त कड़ी (मिसिंग लिंक) पर प्रकाश डाला गया है। इसका स्पष्टीकरण चित्रों के सहारे चार भागों में आगे दिया गया है। इन चित्रों पर गौर से मनन करें और खुशी का रहस्य जानें।

1. पहले चित्र में एक व्यक्ति है, जो दीवार के सामने खड़ा है और दीवार की दूसरी तरफ एक रोशनी है, जिसे आप ईश्वर कहें या सत्य प्रकाश कहें। कोई अल्लाह कहेगा, कोई सत्य कहेगा, कोई सेल्फ कहेगा— ऐसे अलग-अलग नाम दिए जा सकते हैं।

   यह दीवार है, 'इच्छाओं की दीवार।' आपके सामने है इच्छाओं की

आपके और सत्य के बीच इच्छाओं की दीवार

दीवार। चित्र में जिस व्यक्ति का फोटो है, वह आप हैं। उसे देख यह न सोचें कि 'मेरी शक्ल तो ऐसी नहीं है। मैं तो स्त्री हूँ।' यह चित्र आपको दरशा रहा है। यह हम सबको दरशा रहा है।

इस तसवीर से समझें कि व्यक्ति की बहुत सारी इच्छाओं से बनी एक दीवार है। हर इच्छा का एक पत्थर है। किसी को कार चाहिए, किसी को A.C. चाहिए, किसी को स्कूटर चाहिए, नौकरी चाहिए, प्रमोशन चाहिए इत्यादि। जो भी हैं, वे सब इच्छाएँ लिखी हुई हैं और उस दीवार के पीछे कुछ ऐसा है, जो ढक गया है, छिप गया है। जो हमारे अंदर है, सिर्फ उसे प्रकट करना है, उसे खोलना है। उसे पाकर, देखकर (जानकर) ही असली खुशी मिलती है।

2. फिर आप अगले चित्र में देखेंगे कि वह व्यक्ति माला जप रहा है—कार चाहिए, कार चाहिए; कार मिल जाय, कार मिल जाय; वॉशिंग मशीन मिल जाय, वॉशिंग मशीन मिल जाय; टी.वी. मिल जाय, टी.वी. मिल जाय और मालाएँ फेरता जा रहा है। उस इच्छा से उसका पूरा मन भर गया है और अचानक एक दिन उसे कार मिल गई, वॉशिंग मशीन मिल गई, टी.वी. मिल गई—जो भी उसकी इच्छा थी, वह चीज उसे मिल गई। वह चीज मिलते ही वह पत्थर हटा तो दूसरे चित्र में आप देख रहे हैं—वहाँ ईश्वर का साक्षात्कार हुआ यानी जो असली खुशी है, वह प्रकट हुई। उसका थोड़ा सा हिस्सा, छोटी सी झलक दिखाई दी और आपको आनंद मिला; मगर गलतफहमी यह हो गई कि उपहार मिलने की वजह से आनंद मिला। इस तरह व्यक्ति कितनी बड़ी गलतफहमी का शिकार हो जाता है कि इच्छा पूर्ण होने से आनंद आया। फिर जीवन भर वह इच्छाएँ पूरी करने में लग जाता है। इस बीच में उसे इच्छाएँ रखने की आदत पड़ जाती है। आपका इससे बड़ा नुकसान नहीं हो सकता है। जैसे किसी को खुजलाने की आदत ही पड़ जाय तो खुजली नहीं है तो भी वह व्यक्ति खुजलाता ही रहता है और

आपके और सत्य के बीच इच्छाओं की दीवार

रोग बढ़ाता रहता है, वैसे ही व्यक्ति को इच्छाओं की आदत पड़ जाती है। अगर व्यक्ति की सभी इच्छाएँ पूरी हो गईं तो भी वह सोचता है कि 'अब मैं क्या करूँ?' बिना इच्छाओं के वह बैठ ही नहीं पाता। नई इच्छाएँ जगाने की कोशिश करता रहता है और इस तरह यह सिलसिला चलता रहता है। वह कभी नहीं समझ पाता है कि जो मन इच्छाओं से भर गया था, अचानक इच्छा पूरी होते ही वह खाली हो गया और उस खालीपन में, 'कुछ नहीं में', 'नमन में' असली आनंद का साक्षात्कार हुआ। नमन का अर्थ है—'न-मन, जब मन नहीं रहा।' मन का अर्थ सब इच्छाओं को मिलाकर जो थैली बनती है, जो बोरा बनता है, वही मन है। सभी विचारों का जोड़, सभी इच्छाओं का जोड़ है मन।

इस तरह जो मन इच्छाओं से भरा हुआ था, उसकी एक इच्छा पूरी हुई कि ईश्वर (आनंद) प्रकट हुआ। ईश्वर की परिभाषा जो भी आप दें, हर एक के लिए अलग-अलग हो सकती है। इसमें आप कभी न उलझें कि यह हिंदुओं के लिए है, यह मुसलमानों के लिए है। यहाँ हिंदू, मुसलमान, सिख, ईसाई और जैन की बात नहीं चल रही है, बल्कि सभी के अंदर जो असली खुशी है, उसकी बात चल रही है। हर व्यक्ति असली खुशी पाना चाहता है। हर काम जो आप करते हैं, अपने आपसे पूछें कि 'यह काम मैं क्यों करता हूँ?' जिसके जवाब शुरुआत में आएँगे कि 'यह काम मैं फलाँ-फलाँ की खुशी के लिए करता हूँ। यह मैं घरवालों के लिए करता हूँ।' फिर सोचें, 'घरवाले खुश हो जाएँगे तो फिर क्या होगा?' मुझे आराम मिलेगा, मुझे संतुष्टि मिलेगी, फिर मुझे खुशी मिलेगी और देखेंगे कि अंत में यही जवाब आएगा, 'मुझे खुशी मिलेगी, संतुष्टि मिलेगी।'

हर कार्य के अंत में संतुष्टि है, समाधान है, असली खुशी ही है। हर एक को संतुष्टि ही चाहिए; मगर उसे पता नहीं कि यह कैसे मिलती है तो यह रहस्य हमें मालूम पड़ जाय।

नई इच्छा, नया पत्थर बन गई तब

3. तीसरे चित्र में देखेंगे कि वहाँ पर और एक इच्छा आ गई कि 'बँगला चाहिए।' अगर ये सब चाहिए तो फिर से वह सत्य ढक गया। फिर से कोई इच्छा पूरी होगी, फिर से ईश्वर का दर्शन होगा। इस तरह हर इच्छा खत्म होने के बाद असली चीज मिलने से खुशी होती है। यह रहस्य जान लें। जितनी भी खुशियाँ आज तक आपने पाई हैं, वे सत्य की वजह से पाई हैं, यह मिल गया, वह इच्छा पूरी हुई, उस वजह से नहीं मिली हैं। हर खुशी अंदर का सत्य प्रकट होने से प्राप्त होती है। यह बात जानने के बाद आप जब चाहें तब उस ईश्वर का दर्शन कर सकते हैं।

4. आखिरी चित्र में देखेंगे कि सारी इच्छाओं के पत्थर हट गए। ईश्वर पूरा सामने है। यहाँ पर ईश्वर का एक प्रतीकात्मक चित्र दिखाया गया है। जैसा चित्र में दिखाया गया है, वैसा ईश्वर होता है, ऐसा नहीं है। लोगों की कल्पना ईश्वर के बारे में ऐसी ही है कि ईश्वर ऐसा-ऐसा होगा। हमारे दो हाथ हैं, उसके चार हाथ होंगे और क्या फर्क होगा? टी.वी. प्रोग्राम के ईश्वर हमें वैसे ही आभूषण पहने दिखाई देते हैं। कृष्ण हमें टी.वी. एक्टर नीतीश भारद्वाज जैसे दिखाई देंगे, राम हमें अरुण गोविल जैसे दिखाई देंगे। ऐसे ईश्वरों की कल्पना करके हम जीते हैं।

   लोगों ने समझाने के लिए मूर्तियाँ बनाईं, ताकि लोग मूर्तियों के सामने झुकें, समर्पण कर पाएँ, नमन कर पाएँ, मन को गिरा पाएँ। हमारी मदद करने के लिए मूर्तियाँ थीं, मगर वे ही गले का फंदा बन गईं। मंदिर-मसजिद के नाम पर हिंसा व झगड़े होते हैं और असली चीज एक ओर को हो जाती है।

   जिन्होंने भी मंदिर, मसजिद, गुरुद्वारे और चर्च बनवाए, उन्होंने कुछ सोचकर बनवाए। आज उनके वास्तविक अर्थ खो गए हैं। मंदिर, मसजिद, गुरुद्वारे, चर्च में जाकर हमें यह जानना था कि मन को नमन

4
सत्य
तेजस्थान
इच्छाओं से खाली हुए मन में ईश्वर आसानी से प्रकट होता है। इच्छाओं से चिपकाव टूटते ही आपके और ईश्वर के बीच की दीवार टूट जाती है। सारे पत्थर गिर जाते हैं और पूर्ण ईश्वर प्रकट होता है।
इच्छाओं की दीवार पूरी टूट गई तब

कैसे करना है, कैसे इच्छाओं की दीवार से मुक्ति प्राप्त करनी है, जो आज हम भूल गए हैं। सातवें आनंद में हमें यह करना है कि दीवार कैसे हटे? बच्चा जिस अनुभव में था, कैसे वह अनुभव हमें प्राप्त हो जाय? गहरी नींद में हम जो अनुभव लेते थे, जाग्रत् अवस्था में हमें कैसे मिले? उससे कितनी शक्ति मिलती है, कितनी ताजगी आती है! आपको स्वयं ही आश्चर्य होगा कि इतनी शक्ति हमारे अंदर थी, जिसका पता हमें नहीं था। सिर्फ उस मन ने वह शक्ति खा ली है, जो उस अनुभव में रहने से बचने लगेगी और सारे काम आसानी से होने लगेंगे।

□

सेवा करते समय अहंकार गिरने की सफलता से भी खुशी प्राप्त होती है, जो सेवा की ही खुशी है।

भाग 13

तुरंत खुशी में दूसरी बाधा—विचारों के डाकू

तेज वास्तुशास्त्र

सुबह उठते ही जब हम आँखें खोलते हैं तो हमारे अंदर क्या चीज प्रवेश करती है ? अपने सामने एक शरीर (कोई रिश्तेदार) देखा तो 'मैं एक शरीर और वह भी एक शरीर', यह मान्यता हमारे अंदर घुस जाती है। फिर हम आँखें खोलकर मान्यताओं से शुरुआत करते हैं। अपने आपको शरीर मानकर ही दिन की शुरुआत करते हैं और डर-डरकर जीते हैं, सिकुड़कर जीते हैं। मान्यताओं की वजह से वृत्तियाँ, गलत आदतें बन जाती हैं। एक मान्यता अंदर गई तो उसकी वृत्ति बन गई, उसकी आदत बन गई। जैसे—सुबह उठते ही आपके अंदर विचार शुरू हो गए कि अब यह करना है, अब वह करना है, आज यह प्रोजेक्ट (समस्या, काम) है... नाश्ता बनाना है, बच्चों को स्कूल भेजना है ! कितने सारे विचार आपके अंदर घुस आए, जिनसे वृत्तियाँ तैयार होती हैं। इन वृत्तियों से क्या होता है, इसे एक उदाहरण से समझें।

सुबह आँखें खुलते ही जो विचार आपके अंदर प्रवेश करते हैं, उन्हें कहा जाता है—विचारों के डाकू अंदर घुस आए। अब आप जानते हैं कि डाकू घुस आते हैं तो क्या होता है—ऐसा दृश्य आपने फिल्मों में देखा होगा। फिल्मों में मेले के दृश्य में डाकू घुस आते हैं। फिर अगला दृश्य होता है कि डाकू चले जाते हैं और मेले का दृश्य दिखाया जाता है, जिसमें यह दिखाई देता है कि डाकू सब तहस-नहस करके चले गए। बिलकुल ऐसा ही तो व्यक्ति के साथ होता है। सुबह जैसे ही आँखें खुलती हैं तो इतने सारे विचारों के डाकू अंदर घुस आते हैं और सब तहस-नहस करके चले जाते हैं। फिर दिन भर जो तोड़-फोड़ हुई होती है, उसकी रिपेयरिंग (दुरुस्ती) करनी पड़ती है। अतः ऐसी अवस्था में असली आनंद कब मिलेगा?

इन विचारों के डाकुओं पर हमारी रोक क्यों नहीं है? ये डाकू क्यों आते हैं? आपके अंदर ऐसा क्या है, जो इन्हें आमंत्रित करता है? इसे समझें—ऐसा खबरी (मन) हमारे अंदर है। खबरी खबर पहुँचाता है। आप जानते हैं, पुलिस में कोई ऐसा व्यक्ति होता है, जो दुश्मनों ने रखा होता है। वह हर प्लान की खबर अपराधियों तक पहुँचा देता है। हर खबर डाकुओं के पास पहुँच जाती है। खिड़की खुली नहीं कि सब घोड़े अंदर प्रवेश करते हैं और फिर जो विचारों से दुःख पैदा होता है, उसी दुःख के साथ व्यक्ति पलंग से नीचे उतरता है। शायद उसने के.जी. का अध्यात्म सुना होगा। बहुत सारे अध्यात्म चलते रहते हैं, जिनमें थोड़ा डराकर, लालच देकर कि तुम्हें ऐसा करना चाहिए, पिछले जन्म में तुमने ऐसा किया था, इसलिए ऐसा हो रहा है। अब इस जन्म में ऐसा करेंगे तो अगले जन्म में फल आनेवाला है। इस जन्म में कुछ होनेवाला नहीं है। तुम्हारे और सात जन्म होने चाहिए, उसके बाद ही मुक्ति मिलेगी। इस जन्म में संभव नहीं है। इतने-इतने काम करेंगे तो सात जन्म बचनेवाले हैं, फिर इतने-इतने पुण्य के काम करेंगे तो एक जन्म और बचेगा। ऐसी पट्टी पढ़ानेवाले बहुत सारे के.जी. के अध्यात्म चलते हैं, जो यह बताएँगे कि सुबह उठते ही पलंग से नीचे पहले दाहिना पाँव रखेंगे तो आपका दिन अच्छा बीतेगा।

मान्यताओं से आप जाग्रत् हुए हैं, मगर अब भी यही मानकर जी रहे हैं कि 'मैं शरीर हूँ। ये कार्य मेरे कार्य हैं। मैं ही कर्ता हूँ। मेरे किए बगैर काम नहीं होते। मेरे बगैर संसार चलता नहीं है। मैं नहीं जाऊँगा तो सब काम ठप्प हो जाएगा,' इत्यादि। ऐसी कई सारी मान्यताओं के साथ अगर आप पलंग से नीचे दायाँ पाँव भी रखते हैं तो भी वह बायाँ (लेफ्ट, गलत) पैर ही होगा और अगर आपने अपनी आँखें खोलते ही अपने आपसे पूछा होता, 'मैं कौन हूँ?' उस समझ के बाद आपने बायाँ पाँव भी नीचे रखा होता तो भी वह दायाँ (राइट, सही) ही है। अतः यह देखें कि सुबह आँखें खुलते ही आपकी अवस्था कैसी है। यदि बहुत सारे विचार आ रहे हैं तो क्या करना चाहिए? इसे एक उदाहरण से समझें।

जिस तरह सुबह आँखें खुलते ही आप घर का दरवाजा खोलते हैं, खिड़की खोलते हैं। खिड़की खोलते ही तूफान अंदर घुस आता है। अगर आपको मालूम है कि बाहर तूफान है तो आप खिड़की खोलने से पहले ही सब चीजों को ठीक-ठाक रख देते हैं। पहले चीजों को ठीक-ठाक रखते हैं, फिर थोड़ी खिड़की खोलते हैं। तूफान का दबाव कैसा है, यह मालूम करके ही पूरी खिड़की खोलते हैं। उसी तरह सुबह हम आँखें खोलते हैं तो क्या करते हैं? आँखों की खिड़की ही तो खोलते हैं। मगर खिड़की खोलने से पहले अब एक पल रुकें। अपने आपसे पूछें कि 'मैं अभी खिड़की खोलने जा रहा हूँ तो ऐसी-ऐसी मान्यताएँ घुस आएँगी और मुझे बहुत परेशान कर देंगी कि आज का दिन ऐसा, आज का दिन वैसा। आज तो मेहमान आनेवाले हैं।' इत्यादि सब परेशानी के विचार शुरू हो जाएँगे। तब आप उन विचारों को कहेंगे,'रुकिए!' आँखें खोलने से पहले अपने आपसे पूछें कि 'मुझे आज के दिन की शुरुआत कैसे करनी है? आज का दिन कैसे जीना है? आज के दिन मुझे क्या स्वीकार करना है? कौन से चमत्कार स्वीकार करने हैं? मेरे विचार कैसे हैं? हैप्पी थॉट्स हैं कि नहीं? क्या मैं नकारात्मक विचारों के साथ आज के दिन की शुरुआत करनेवाली/वाला हूँ?' इस तरह पहले अंदर से अपने आपको तैयार किया जाए, उसके बाद ही पूरे दिन की शुरुआत की जाए, सही

पाँव पलंग से नीचे रखा जाय। फिर देखेंगे कि चमत्कार ही होगा। खिड़की सही दिशा में खुलेगी। फिर तूफान नहीं होगा, क्योंकि आपने तेज वास्तुशास्त्र के हिसाब से सही खिड़की खोली है।

वास्तुशास्त्र, जो आपके घर के लिए यह दरशाता है कि आपके घर की खिड़की इस तरफ होनी चाहिए, इस तरफ दरवाजा होना चाहिए, यहाँ उस वास्तुशास्त्र की बात नहीं कर रहे हैं। यहाँ पर तेज वास्तुशास्त्र की बात हो रही है, जो हमारा शरीर (घर) है। इसे हम घुमा सकते हैं; किंतु इसमें कुछ तोड़-फोड़ करने की जरूरत नहीं है, वरना वास्तुशास्त्र की वजह से लोग घर की बहुत तोड़-फोड़ करते हैं कि 'अरे, गलत जगह पर दरवाजा है। अब वास्तुशास्त्र के अनुसार दूसरी तरफ से दरवाजा करो।' ऐसे उलझे हुए कई सारे लोग हैं; मगर तेज वास्तुशास्त्र कहता है कि शरीर हमारा घर है। हम आँखें खोलें तो किस दिशा में खोलें, यह जानना जरूरी है; क्योंकि इस शरीर (घर) को हम घुमा सकते हैं। हम इसे दिशा दे सकते हैं। हमने पहले माया की तरफ खिड़की खोली थी, अब सत्य की तरफ खोल (ध्यान दे) सकते हैं, सिर्फ दिशा बदल दी गई। इस तरह दिशा बदलने से चमत्कार हो सकता है। फिर आपको सत्य के ही विचार आएँगे।

आज के बाद सुबह आँखें खुलते ही हमारा जागरण सत्य में हो, क्योंकि रात भर हम सत्य के साथ थे। उसी ईश्वर के साथ थे, जो इच्छाओं के पत्थरों के पीछे था, जो चित्र में आपने देखा। चित्रों के द्वारा समझाया जाता है। आपको फिर से बच्चा बनाना है। आपको चित्र दिखाए जाते हैं, कुछ नए चित्र दिखाने हैं। अल्फाबेट में बहुत सारे चित्र A= Apple, B= Bat आपने देखे और सीखे; पर अब नया समय आया है। हम सत्य को सही ढंग से देखें। सत्य की जो कल्पना करके हम बैठे हैं, उससे बाहर आएँ। फिर पलंग से कोई भी पाँव नीचे रखा तो उस समझ के साथ ही रखेंगे कि 'किसने पाँव रखा?' समझ के साथ हर पाँव राइट (सही) है। राइट तो राइट है ही, लेफ्ट भी राइट है। व्हाइट तो व्हाइट है ही, ब्लैक भी व्हाइट है। ब्राइट तो ब्राइट है ही, डार्क (गाढ़ा) भी लाइट है।

□

इनसान जो खोज कर रहा है, जिस चीज की खोज कर रहा है, जिस ईश्वर की खोज कर रहा है, वह उसके अंदर है।

भाग 14

बिना कारणोंवाली खुशी प्राप्त करें

आपका होना काफी है

इनसान अपने डर की वजह से, सिकुड़न की वजह से, असुरक्षा के भाव की वजह से अपने जीवन में रुकावट (ब्लॉक) डालता गया। एक रेखा बनाता गया कि यह मेरा देश—यह तेरा देश, यह तेरा घर—यह मेरा घर, यह मेरा शरीर—यह तेरा शरीर। इस सिकुड़न से वह सिकुड़ते-सिकुड़ते इतना सिकुड़ गया कि जो शरीर आपका दीख रहा है, उसमें भी सौ गुना सिकुड़न आ गई है। वह तो फिर भी शरीर है, जो सौ गुना अंदर सिकुड़ गया है; मगर हम विचारों से, मन से भी सिकुड़ गए हैं। अब फिर से खुलने का समय आया है। हम फिर से खुलकर देखें कि कैसा आनंद हमारे अंदर है, जिसके लिए हम यह एक्सरसाइज (प्रयोग) करके देखें।

अपनी आँखें बंद करके एक मिनट के लिए अपने अंदर एक खुशी का स्मरण (रिकॉल) करके देखें। एक क्षण ऐसा देखें, जहाँ पर आप जीवन में बहुत खुश हुए थे। आप अपने मन में एक ऐसा दृश्य लाएँ, जब आप बहुत

खुश थे। वे भाव स्मरण करें, जब आप बहुत खुश थे। जो भी आपके जीवन का सबसे मूल्यवान् खुशी का क्षण था, वह खुशी महसूस करें। कुछ क्षण ऐसा करें, फिर आँखें खोलें। अब सवाल यह है कि आप खुश हुए, मगर क्या उसके पीछे कोई कारण था? क्या कोई घटना हुई थी, इसलिए खुश हुए थे?

इस पर अलग-अलग जवाब आ सकते हैं, किंतु हकीकत यह है कि वहाँ पर आप अकारण खुश नहीं हुए थे—एक कारण था, जिसकी वजह से आप खुश हुए। अब इसमें से सिर्फ कारण को निकाल दें, जो भी हुआ था, जो भी आनंद आया था, किसी भी कारण से आया था—लॉटरी लगी थी, प्रमोशन मिला था, कोई ऐसा मिल गया, जिसकी वजह से इतनी खुशी थी, वह कारण हटा दें। सिर्फ जो खुशी महसूस कर रहे थे, वही खुशी अगर बिना कारण आपको मिल सकती है तो कैसा होगा? वही खुशी आप जब चाहें, बिना कारण प्राप्त कर पाएँ तो आपका जीवन कैसा होगा? यही आपको बताने की कोशिश की जा रही है, कारण हटाकर मिलनेवाली खुशी प्राप्त हो। कारण लाकर अगर खुशी प्राप्त करनी है तो वह स्थायी खुशी नहीं होगी। वह अस्थायी खुशी होगी, जो कारणों पर निर्भर है। तुरंत खुशी प्राप्त करनी है तो बिना कारण कैसे खुशी मिलती है, यह हमें समझना होगा।

खुशी प्राप्त करने के लिए अपना होना ही काफी है। आनंद प्राप्त करने के लिए आप हैं, यही काफी है। आपको आज तक ऐसे कितने लोग मिले हैं, जो यह कहते हैं कि 'हम हैं, इसलिए खुश हैं।' हमारा होना ही काफी है। हम जिंदा हैं, इतना ही काफी है। किसी को मरते समय जब उसकी साँस अटकती है तब पता चलता है कि वह जी रहा था, उसकी साँस चल रही थी, वरना किसी को पता ही नहीं होता है कि वह जिंदा है। हम जिंदा हैं, यह खुशी का कितना बड़ा कारण है; मगर हमारी मान्यताएँ हमें खुश नहीं होने देतीं। मान्यताएँ कहती हैं—इसमें क्या है? सभी तो जिंदा हैं। मगर जिंदा होना क्या चीज है? ऐसी क्या बात है, जिसकी वजह से यह शरीर चलता-फिरता दिखाई देता है? ऐसी क्या बात है जिसकी वजह से यह शरीर बोलता, गाता है? बुलबुल गीत गाती है तो ऐसी कौन सी चीज उसके अंदर है? उसके अंदर

ऐसा क्या हुआ ? क्या वह हमारे साथ नहीं हुआ ? हमारे साथ भी तो वही हुआ है; मगर हम गीत क्यों नहीं गाते ? ऐसे कौन से विचारों के डाकू हमारे अंदर घुस आए हैं ? ऐसे कौन से खबरी (नकारात्मक विचार) अंदर काम कर रहे हैं, जो हमें खुश होने से रोक रहे हैं ? कुछ तो ऐसा हुआ है। इस बात को हमें समझना है। सारे प्रयोग जो आपसे करवाए, वे इसी बात को समझाने के लिए कि बिना कारण असली खुशी, स्थायी खुशी कैसे प्राप्त हो।

□

यह पुस्तक पढ़ने के बाद अपने अभिप्राय (विचार सेवा) इस पते पर भेजें—

Tej Gyan Foundation,
Pimpri Colony Post office, P.O. Box 25,
Pune - 411 017. Maharashtra (India).

‘जो घटनाएँ आपके जीवन में हो रही हैं, वे आपकी जरूरत हैं।’

इस समझ को अपने जीवन में उतारने के लिए इसे आप एक स्वीकार मंत्र की तरह इस्तेमाल करें। मंत्र है—

‘यह वह है, जिसकी मुझे जरूरत है।’

शेष संग्रह

भाग 1

ज्ञान / तेजज्ञान

सत्शब्दसंग / समझसंग

इस अध्याय में ज्ञान यानी सत्शब्दसंग और तेजज्ञान यानी समझसंग में भेद स्पष्ट किया गया है। इस स्पष्टीकरण का उद्देश्य है—सूक्ष्म तरीके से आप यह जान पाएँ कि असली ज्ञान, अंतिम ज्ञान किसे कहा गया है, वरना व्यक्ति जानकारी इकट्ठी करने को ही ज्ञान समझ लेता है। लेकिन असली ज्ञान और जानकारी में बड़ा अंतर है। जो सत्य के प्यासे हैं, वे समझसंग (तेजज्ञान) यानी अंतिम सत्संग में वास्तविक जवाब प्राप्त करके अपने आपको जान जाते हैं और बुद्धि से हृदय में स्थापित होने लगते हैं।

सत्शब्दसंग यानी ऐसे सत्संग, जिनमें अध्यात्म का ऊपरी-ऊपरी ज्ञान दिया जाता है, जहाँ पर सत्य के बारे में बात होती है, न कि सत्य की बात होती है।

समझसंग यानी अंतिम सत्संग (तेजज्ञान), जहाँ पर सीधे ही सत्य की बात होती है। हर मार्ग के अंत में जो समझ, आत्मसाक्षात्कार के पहले मिलता है, उसी समझ की बात होती है।

सत्शब्दसंग में ऐसा करो और ऐसा मत करो, इसी पर बल दिया जाता है।

समझसंग में अकर्ता विज्ञान पर बल दिया जाता है; करने, न करने से ऊपर उठाया जाता है।

सत्शब्दसंग में यह त्याग करो, वह त्याग करो, सिखाया जाता है।

समझसंग में त्यागी का भी त्याग कैसे हो, सिखाया जाता है। असली त्याग किसे कहा गया है, यह पता चलता है और खोजी सिर का त्याग कर हृदय में स्थापित होता है। 'मैं' यानी अहंकार के विचारों का त्याग असली त्याग है।

सत्शब्दसंग में तीन जवाब दिए जाते हैं—

1. भागो : जब कोई आप पर क्रोध कर रहा हो तो वहाँ से भागो।
2. भोगो : चुपचाप सामनेवाले का क्रोध सहते रहो, दूसरों के अत्याचार को भोगो।
3. जागो : होश में आकर देखो कि सामनेवाले के क्रोध की आपके शरीर पर क्या प्रतिक्रिया हो रही है।

अंतिम सत्संग में तीनों से परे चौथा जवाब दिया जाता है। चौथा जवाब ही सही है। चौथा जवाब ही अंतिम जवाब है। चौथी अवस्था है—तुरीय अवस्था, जो नींद, जागरण व स्वप्न तीनों से अलग है।

4. चौथा जवाब है—'परखो'। क्रोध से परेशान कौन हो रहा है और कौन उस घटना में निश्चिंत है, इस परख से ही हीरे यानी सत्य की चमक हमारे जीवन में उतरती है। परखने के पहले जागरण आवश्यक है। सच्चे हीरे की परख तभी मिलेगी।

सत्शब्दसंग में शरीर को गुरु माना जाता है। किसी और गुरु के पास मत जाओ, ऐसा वचन माँगा जाता है या डराया जाता है।

समझसंग में यह बताया जाता है कि पूरे विश्व में गुरु एक है, गुरु हजार नहीं होते। वह हमारे अंदर का चैतन्य ही है, जो कभी स्वप्न के द्वारा, कभी किताबों द्वारा या किसी इनसान के शरीर द्वारा हमारा मार्गदर्शन करता है। गुरु, ईश्वर, कृपा (करुणा) एक ही बात है। गलत गुरुओं से बचें, जो अपने आपको सद्गुरु समझकर बैठे हैं और अपने शिष्यों को अज्ञान में ही बाँधकर रखना चाहते हैं।

कई आध्यात्मिक केंद्रों में शरीर से शुरुआत करते हैं। शरीर पर क्या हो रहा है? कैसा महसूस हो रहा है? कैसी संवेदनाएँ चल रही हैं? कैसे साँस चल रही हैं? मन को शरीर पर ही एकाग्रचित्त किया जाता है।

अंतिम सत्संग (समझसंग) में शरीर से शुरुआत नहीं करते। शुरुआत होती है सीधे स्वयं (Self) से, अपने होने के अहसास (being) से। जो वास्तव में 'मैं' हूँ, वहीं से शुरुआत करते हैं। शरीर मेरा आईना है। जैसे आँख यदि आँख को देखना चाहे तो आईना चाहिए, वैसे ही मैं स्वयं को जानना चाहूँ तो मुझे शरीर को आईना बनाना सीखना चाहिए।

सत्शब्दसंग में अलग-अलग तरह के कर्मकांड, माला, विभूति को महत्त्व दिया जाता है।

समझसंग अपने आपको जानने और अपने आप पर रहने पर जोर देता है। यहाँ पर कोई दवाई नहीं दी जाती है, यहाँ पर दी जाती है 'समझ'। समझ यह कि समझें, 'कौन बीमार है'। यहाँ पर दुःख को दूर नहीं किया जाता है, बल्कि दुःखी को ही दूर किया जाता है। यहाँ पर दवाई के कागज पर गोलियों के नाम नहीं, बल्कि 'अपनी पूछताछ कैसे करें', यह लिखकर दिया जाता है—यानी ज्ञान दिया जाता है।

सत्शब्दसंग में अनेक लोकों की बातें सुनकर मन कल्पनाएँ करता है, कल्पनाओं में ही लोट-पलोट लगाता है।

समझसंग में बताया जाता है कि भविष्य इनसान की कल्पनाओं में है, अतीत इनसान की याददाश्त (मेमोरी) में है, समय है सिर्फ वर्तमान में। समझसंग में समझें वर्तमान में जीना। वर्तमान ही सच्चाई है। वर्तमान में रहना ही सत्य में जीना है।

कुछ सत्संगों में मंत्र व दीक्षा दी जाती है, नाम दिया जाता है, फिर उसे साँसों के साथ दोहराने का अभ्यास करने के लिए कहा जाता है।

समझसंग में इन मंत्रों के अर्थ को समझाया जाता है। अपने आपको शरीर मानकर बैठे हैं, इस मान्यता को तोड़ा जाता है। जो अहसास अपने अंदर सतत चल रहा है, उसमें स्थापित हुआ जाता है।

सत्‌शब्दसंग में कहा जाता है कि शैतान है, गलत है, बुराई है। अनुपयोगी चीजें हैं।

समझसंग में कहा जाता है कि नकारात्मक का भी सकारात्मक उपयोग है। जीवन में कोई चीज अनुपयोगी नहीं है। बुराई की भी एक अच्छाई है। अच्छाई की कदर बुराई की वजह से है। इसलिए बुराई का भी अपना महत्त्व है। बुराई से नफरत मत करो। उसका उपयोग करके अच्छाई को उठाओ। इस विश्व में हर चीज महत्त्वपूर्ण है। महत्त्वहीन कुछ नहीं है।

सत्‌शब्दसंग में बताया जाता है कि ईश्वर का डर रखें। ईश्वर के डर से अच्छे काम करेंगे तो अच्छे काम ज्यादा व जल्दी होंगे।

समझसंग में कहा जाता है कि डर की वजह से अच्छे काम कर रहे हैं तो वे बिना समझ के हैं, अंदर का भाव तो बुरा होगा। जब कि किसी भी कार्य में भाव ही आगे का फल लाता है। इसलिए समझना यह है कि ईश्वर के प्रति आदर हो, डर नहीं; प्रेम हो, भय नहीं।

सत्‌शब्दसंग में वे लोग पहुँचते हैं, जिनकी आध्यात्मिक खोज अभी शुरू हुई है।

समझसंग में वे लोग आते हैं, जो सत्य को पाने के लिए बहुत भटक चुके हैं या वे, जो विशाल बुद्धि रखते हैं या फिर वे, जो वैज्ञानिक बुद्धि से सोचना जानते हैं और नया प्रयोग करके देखना चाहते हैं।

सत्‌शब्दसंग में अध्यात्म की सभी बातें खिचड़ी करके बताई जाती हैं। शुरुआत की बातें, मध्य की बातें और आत्मसाक्षात्कार के समय समझ में

आनेवाली बातें। भक्ति की बातें, कर्म की बातें, जप या ध्यान की बातें, सेवा या दान की बातें।

साधक (खोजी) जब ऊपरी सभी बातों को एक साथ सुनता है तो वह सुलझता कम और उलझता ज्यादा है। उसका मन उसे पसंद आनेवाली बातों को सत्संग से उठाता है और अपने आपको ज्ञानी समझने लगता है। लेकिन जो बातें मन को पसंद आएँ, वे मन को गिरातीं नहीं बल्कि और भी ऊँचा करती हैं।

अंतिम सत्संग (समझसंग) में पहले पहली बातें बताई जाती हैं। तैयारी हो जाने पर पहला शिविर (एक दिवसीय) सुनाया जाता है। इस तरह खिचड़ी करके या भेल बनाकर ज्ञान नहीं दिया जाता। समय अनुसार और खोजी की तैयारी के अनुसार उसे ज्ञान मिलता है, जिससे वह पंद्रह-बीस वर्षों की खोज से बचकर जल्द ही सत्य पाता है।

कुछ सत्संग में आज्ञा-चक्र में प्रकाश देखने को कहा जाता है, अनहद नाद सुनने को कहा जाता है। खेचरी क्रिया (जबान) द्वारा अमृतपान करने को कहा जाता है।

समझसंग में यह जानने को कहा जाता है कि प्रकाश जो देख रहा है, उसे जानें; जाननेवाले को जानें, सुननेवाले को सुनें, स्वाद लेनेवाले को जानें।

सत्शब्दसंग में बाहर के मंदिरों को ही महत्त्व दिया जाता है।

समझसंग में यह बताया जाता है कि मंदिर का इशारा समझें। मन अंदर (मंदर) कैसे जाए और कहाँ झुके, यह जानें। बाहर का मंदिर आपको अंदर की ओर ले जाए तो बहुत कल्याणकारी हुआ।

कुछ सत्संगों में अनेक लोकों की बातें होती हैं—देवलोक की, पाताललोक की, मन को लुभानेवाले स्थानों की, जो मरने के उपरांत मिलनेवाले हैं।

समझसंग में मन के क्षेत्र की हर मान्यता को तोड़ा जाता है। इस मन के सोते ही रात को यह संसार, यह लोक भी गायब हो जाता है तो बाकी लोकों की क्या बात करें! जो अस्थायी लोक (Temporary world) हैं, उनमें न उलझकर, बुद्धि-विलास में न पड़कर जो स्थायी जगत् है, हृदय का जगत् है, उसमें स्थापित होना है।

कुछ सत्संग में कुंडलिनी शक्ति जाग्रत् करने को कहा जाता है। शरीर के सात चक्रों को खोलने को कहा जाता है। शरीर पर अलग-अलग प्रयोग करने को कहा जाता है।

समझसंग में बताया जाता है कि जो काम मन को करने के लिए दिया जाता है, उससे मन मरता नहीं है, उलटा मोटा हो जाता है। इस मन को तो समझ के द्वारा सिर्फ चुप हो जाना है। समझ यह कि मन के हाथ में कुछ नहीं है। हम शरीर से शुरुआत ही नहीं करते। शुरुआत होती है अपने होने के अहसास से।

सत्शब्दसंग के सत्संगों में मन को आनंद आए, ऐसे प्रयोजन किए जाते हैं। कुछ सत्संगों में लोग नाचते-कूदते हैं, चीखते-चिल्लाते हैं, अध्यात्म के नाम पर मनोरंजन करते हैं।

समझसंग में मन का रंजन नहीं बल्कि मन का भंजन होता है, निरंजन होता है। समझसंग में यह समझ मिलती है कि आध्यात्मिक मनोरंजन से बचें, वरना इन आध्यात्मिक मनोरंजक विधियों से निकलने में कई साल लग जाएँगे। शरीर पर अनुभव की खोज न करें, शरीर से ऊपर उठें।

अंतिम सत्संग में परिवर्तन को स्वीकार करने की समझ और आनंद की अभिव्यक्ति की युक्ति दी जाती है।

सत्शब्दसंग में कहा जाता है कि ब्राह्म मुहूर्त यानी सुबह 4 बजे उठें।

समझसंग में कहा जाता है कि जब भी उठें, तब उठते ही जानें कि कौन

उठा ? रात को कौन सोता है ? रात भर यह जाननेवाला कौन है, जिसकी वजह से हम कह पाते हैं कि 'हमने रात नींद अच्छी ली।'

सत्‌शब्दसंग में नास्तिक की निंदा व आस्तिक की प्रशंसा की जाती है।

समझसंग में दोनों से परे तेज आस्तिक का महत्त्व बताया जाता है। आस्तिक एक प्रार्थना पूरी नहीं होती तो नास्तिक बन जाता है; लेकिन 'तेज आस्तिक' कर्म-भाग्य से ऊपर उठ चुका है, क्योंकि वह अनुभव से जान चुका होता है कि 'ईश्वर ही है'। उसे ईश्वर को मानने या न मानने का सवाल ही नहीं आता। उसकी समझ यही कहती है कि 'ईश्वर ही है, तुम हो कि नहीं, यह तय करो, पता करो।'

सत्‌शब्दसंग में कहा जाता है चिंता, दुःख, क्रोध न करें।

समझसंग में कहा जाता है कि पहले दुःख का दुःख न करें, क्रोध पर क्रोध करना बंद करें, चिंता की चिंता न करें। दुःख किसे होता है, क्रोध किसे आता है, चिंता किसे होती है, उसे जानें।

समझसंग में अपनी पूछताछ (Self enquiry) ईमानदारी से सिखाई जाती है। जैसे—कौन दुःखी है, कौन परेशान है, कौन बीमार हो रहा है, कौन स्वस्थ है, मन परेशान है कि मैं परेशान हूँ इत्यादि।

सत्‌शब्दसंग में किसी विशेष भाषा, कपड़ों व रंगों को प्रधानता दी जाती है; बाहरी वेशभूषा, भाषा को महत्त्व दिया जाता है।

समझसंग में समझ ही प्रधान है। आज की भाषा लोक-भाषा ही महत्त्व रखती है।

सत्‌शब्दसंग में सांसारिक काम पूरे हो जाएँ, ऐसी तरकीबें बताई जाती हैं। बीमारियों के इलाज, नौकरी मिलना, किसी को पुत्र-प्राप्ति होना, धन-लाभ होना इत्यादि—ये सारे अस्थायी लाभ हैं।

संसार के काम करवाने के लिए दुनिया भरी पड़ी है। इस सत्संग के बाद हर रोज प्रसाद, लंगर, खाना मिलेगा, यह उम्मीद लेकर भी न आएँ। इस सत्संग में आप फायदे-नुकसान से ऊपर उठ जाएँगे। हर उम्मीदों, नाउम्मीदों से ऊपर हो जाएँगे। यहाँ बस एक ही उम्मीद हो कि 'हर उम्मीद से, लाभ-हानि से, सुख-दुःख से, जीवन-मृत्यु से कैसे मुक्त हो जाएँ!' एक ही शुभ इच्छा हो, जो हर इच्छा से चिपकाव तोड़े।

सत्शब्दसंग में शब्दों को महत्त्व दिया जाता है।

समझसंग में शब्द मात्र कुल्फी की डंडी हैं। कुल्फी खाते ही डंडी फेंक देनी है, ताकि शब्द मौन तक पहुँचाएँ।

सत्शब्दसंग में संन्यासी बनें या संसार से बचें, ऐसा कहा जाता है।

समझसंग में संसार व संन्यास दोनों से मुक्त होकर 'तेज संसारी' बनने को कहा जाता है। 'तेज संसारी' वह है, जिसने संसार और संन्यास दोनों के ढोंग को समझ लिया है। वह हर लेबल से परे होकर विचरण करता है, संसार में रहकर ही तेजज्ञान की अभिव्यक्ति करता है।

जो मनुष्य संसार व संन्यास दोनों से छूटकर संसार में रहकर ही आनंद ले रहा है, दे रहा है, उसे 'तेज संसारी' कहते हैं। तेज संसारी का कोई विपरीत शब्द नहीं है, जैसे 'संसारी' का विपरीत शब्द है 'संन्यासी'।

'तेज संसारी'—यह नवीनतम कल्पना, नया विचार है, जो आज के युग की आवश्यकता है। तेज संसारी, संसारी और संन्यासी दोनों के गुणों का लाभ लेते हुए अपना कुल मूल लक्ष्य जानता है।

तेज संसारी स्वयं मान्यताओं से मुक्त है तथा बच्चों को मान्यता की समझ देकर उन्हें भी मान्यताओं से मुक्त रखता है। उसे रिश्ते-नातों में 'समझ' (अंडरस्टैंडिंग) का महत्त्व पता है। तेज संसारी के

लिए रिश्तों के द्वारा जीवन का अर्थ है—जीवन गिरकर सँभलना नहीं बल्कि गिरना, सँभलना, उठना और खाली हाथ नहीं उठना, बल्कि कुछ लेकर उठना जिंदगी है।

सत्‌शब्दसंग में नई-नई मान्यताएँ बनती हैं।

समझसंग में मान्यताओं का वृक्ष ही गिरा दिया जाता है। आपको कहीं पहुँचना नहीं है, आप वहीं हो। अपने आपको कुछ और समझने की मान्यता को यहाँ टूटना है। समझसंग हर तरह की गलत धारणा को प्रकाश में लाता है, जरूरत है सिर्फ सुनने की।

सत्‌शब्दसंग से लोगों को, नौजवानों को, भजन-कीर्तन-रामधुन सुनकर लगता है या यह धारणा बनती है कि अध्यात्म पचास साल के बाद समझना है।

समझसंग में यह पक्का हो जाता है कि समझ (अंडरस्टैंडिंग) जिंदगी में जितनी जल्दी आए उतना ही अच्छा है।

सत्‌शब्दसंग में लोग कुएँ से देखना व सोचना सीखते हैं।

समझसंग की समझ से आप हेलिकॉप्टर से देखने लगते हैं, कुएँ से देखना बंद हो जाता है। आप कर्म-भाग्य से भी ऊपर उठ जाते हैं। आसक्त होकर देखना यानी कुएँ से देखना, अनासक्त होकर देखना यानी हेलिकॉप्टर से देखना।

□

भाग 2

महाआसमानी शिविर

महाआसमानी शिविर में वास्तविक अध्यात्म और सीधा सत्य तीन भागों में बताया जाता है—(1) हर क्षण वर्तमान में जीना, वर्तमान यानी न भूत का बोझ, न भविष्य की चिंता। (2) 'मैं कौन हूँ', यह अनुभव से जानना। (3) स्वबोध की अवस्था में स्थापित होना।

स्वबोध यानी **'जो आप वास्तव में हैं'**, जानने के लिए आए हुए सभी लक्षार्थियों को महाआसमानी शिविर दिया जाता है। यह शिविर साल में तीन या चार बार दिया जाता है, जिसका लाभ हजारों खोजी उठाते हैं। यह शिविर चेतना की दौलत बढ़ाने के लिए तथा महासफलता पाने के लिए सत्य के हर प्रेमी को करना अनिवार्य है। महाआसमानी शिविर में ईश्वरीय ज्ञान-प्राप्ति (सेल्फ रियलाइजेशन) के बाद आप वह नहीं रह जाएँगे, जो आप आज हैं। आप नकली आनंद से दूर असली आनंद के मार्ग पर चलने लगेंगे।

महाआसमानी ज्ञान पाने की तैयारी हर खोजी अपने नजदीक के तेजस्थान पर कर सकता है। आप महाआसमानी शिविर की तैयारी फाउंडेशन में उपलब्ध पुस्तकों, सी.डी. और कैसेट के श्रवण द्वारा कर सकते हैं। इसके अलावा आप टी.वी. और रेडियो पर तेजगुरु सरश्री के प्रवचनों का लाभ भी ले सकते हैं; किंतु याद रहे, ये पुस्तकें, कैसेट, टी.वी., रेडियो के प्रवचन शिविर का परिचय हैं, तेजज्ञान नहीं। आप महाआसमानी शिविर में भाग लेकर तेजज्ञान का आनंद ले सकते हैं।

मैं कौन हूँ ? मैं कहाँ हूँ ? मैं यहाँ क्यों हूँ ? मोक्ष यानी क्या ? क्या इसी जन्म में मोक्ष-प्राप्ति संभव है ? यदि ये सवाल आपके अंदर हैं तो यह शिविर उसका जवाब है।

महाआसमानी महानिवासी शिविर आपके जीवन का लक्ष्य हो, क्योंकि यह शिविर आपको भयमुक्त और तनावमुक्त जीवन देता है, दुःख से मुक्त और दुःखी से भी मुक्ति देता है, सभी समस्याओं का समाधान करता है, नकारात्मक विचारों से निकालकर आत्मसाक्षात्कार दिलाता है तथा सीधा, सरल, शक्तिशाली और समृद्ध जीवन देता है।

स्थान : महाआसमानी शिविर की तैयारी नीचे दिए गए स्थानों पर करवाई जाती है—पूना, सांगली, कोपरगाँव, बार्शी, सातारा, जलगाँव, अहमदाबाद, कोल्हापुर, नासिक, अहमदनगर, औरंगाबाद, जूनागढ़, बारामती, मालेगाँव, मुंबई, नागपुर, दिल्ली, हैदराबाद, भोपाल, रायपुर, चेन्नई; ऑस्ट्रेलिया।

महाआसमानी शिविर में भाग लेने के लिए आप छह दिवसीय 'महाआसमानी महानिवासी शिविर' में भाग लेकर भी (जहाँ आपको यहाँ आकर रहना होता है) अपने सत्य की खोज पूर्ण कर सकते हैं। यह शिविर तेजगुरु सरश्री की शिक्षाओं पर आधारित है।

महाआसमानी महानिवासी शिविर में भाग लेने के लिए संपर्क स्थान :

पूना सेंटर : विक्रांत कॉम्प्लेक्स, तपोवन मंदिर के नजदीक, पिंपरी, पुणे–411 017
फोन : 020–27411240, 27412576

दिल्ली सेंटर : बायहार्ट तेजस्थान, तेजज्ञान फाउंडेशन, 44, अनंत राम कॉम्प्लेक्स, सेक्टर 13, आर. के. पुरम,
नई दिल्ली 110066
फोन : 011–32951210, 09891059875

आगामी महानिवासी शिविर में अपना स्थान
आरक्षित करने के लिए संपर्क करें—

09423580436, 09423580438.

भाग 3

खोजियों के अनुभव

शेयरिंग 1—

मान्यताओं को लेकर मेरे मन में जो उथल-पुथल चल रही थी, वह महाआसमानी शिविर करने के बाद सब स्पष्ट हो रही हैं और मेरा मन शून्य की ओर जा रहा है।

शेयरिंग 2—

पहले मेरा स्तोत्र-मंत्र में बहुत विश्वास था। उसका मैं हमेशा पाठ किया करता था। पर धीरे-धीरे मैं उसमें फँसता जा रहा था, उससे डरने लगा था और डिप्रेशन में चला गया था। जिस दिन मैं स्तोत्र-मंत्र का जाप नहीं कर पाता था, उस दिन खुद को कोसता था। मेरे अंदर एक अपराध-बोध की भावना से डर पैदा हो गया था; लेकिन महाआसमानी शिविर करने के बाद मेरी वह मान्यता खत्म हो गई है। अब मैं बहुत स्वतंत्र और प्रसन्न महसूस कर रहा हूँ।

शेयरिंग 3—

तेजस्थान (हृदय, स्वानुभव) पर स्थापित होने के लिए पहले मुझे कम-से-कम ढाई या तीन घंटे बैठना पड़ता था और वह भी पूरे कॉन्संट्रेशन के साथ। लेकिन महाआसमानी महानिवासी शिविर करने के बाद यह काम चुटकियों में होने लगा है। आज मैं क्षण भर में तेजस्थान में स्थापित हो जाता हूँ।

शेयरिंग 4—

मैं पिछले तीन–चार वर्षों से महीने में एक या दो बार सक्रिय ध्यान करता था और एक घंटा संगीत लगाकर थोड़ा प्राणायाम करता था। इससे मुझे बहुत आनंद मिलता था; लेकिन आज महाआसमानी शिविर में जो मेडिटेशन बताए गए हैं कि तेजस्थान पर ध्यान देना है, तो यह निश्चित ही सक्रिय ध्यान हो गया। पहले इसके लिए मुझे एक घंटा बैठना पड़ता था, लेकिन अब तो मैं लगातार सक्रिय ध्यान कर सकता हूँ।

शेयरिंग 5—

तेजज्ञान में आने के बाद जो समझ आज मुझे मिल रही है, उससे मन पर इतना अच्छा काम होता है और संपूर्ण विकास हो सकता है, यह विश्वास मुझे यहाँ पर मिला है।

दूसरी बात यह है कि अन्यत्र हमने जो बातें सुनीं और कीं, जब तक हम वे करते हैं, सुनते हैं तब तक अच्छा लगता है। लेकिन यहाँ पर हम जिस ढंग से अपने जीवन में हर पल जीते हैं, यदि हमसे कुछ गलत काम होता है तो उसी समय उसे पकड़ लिया जाता है और उसे सही ट्रैक पर लाकर जीवन में संपूर्ण विकास हो सकता है। हमने यहाँ से जो नाता जोड़ा है, इससे जीवन में बहुत परिवर्तन आया है।

तीसरी बात यह है कि पहले जब हम मेडिटेशन के लिए बैठते थे तो उतना समय ही हम मेडिटेशन में रहते थे। लेकिन यहाँ पर जो कला हमें आज मिली है, उसमें हम हर पल अपना काम करते हुए भी मेडिटेशन कर सकते हैं। यह जो ज्ञान आज हमें मिला है, यह हमारे जीवन में बहुत ही महत्त्वपूर्ण है।

शेयरिंग 6—

मैंने त्रिभंग मुद्रा के बाद मूलाधार चक्र को जाग्रत् करना यानी योग में बहुत सारी चीजें की हैं। त्रिभंग में मैं बहुत देर तक बैठ सकता हूँ। मैं पानी में प्राणायाम करता था। पानी में पद्मासन लगाकर मैं बहुत देर तक तैर सकता हूँ। मुझे लग रहा था कि इससे मुझे कुछ अनुभव मिल रहा है; किंतु यह मेरा

भ्रम था। हालाँकि हर एक कला, हर एक चीज स्वयं में पूर्ण है; लेकिन उसकी वहाँ पर सीमा है। मुझे एक चीज ढूँढ़ने के लिए, एक प्राणायाम सीखने के लिए छह-छह महीने लगे। लेकिन आज महाआसमानी शिविर में जो ध्यान सिखाया गया, वहाँ पर मुझे तेजस्थान (हृदय) में रुकना था, कॉन्संट्रेट होना था। वहाँ जाने के लिए एक मिनट से भी कम समय लगा। मैं बहुत जल्दी वहाँ पर गया, अन्यथा मुझे ध्यान के लिए त्रिकुटी के बीच में अगर ध्यान लेना है तो मेरे पंद्रह मिनट तैयारी के लिए जाते थे कि 'अभी साँस की लय आ रही है, अभी रुक जाओ।' फिर उसके बाद मैं वहाँ पर बैठता था तो एक घंटे तक नहीं हिलता था। महाआसमानी शिविर में आकर इसी बात को जानने के लिए इतना कम समय लगा है। तेजस्थान पर जाकर अभी भी ठंडक महसूस हो रही है। जो अनुभव मिला है, उसका प्रभाव कम नहीं हो रहा है बल्कि बढ़ता ही जा रहा है। धन्यवाद!

शेयरिंग 7—

मैं चंडीगढ़ आर्मी से इस महाआसमानी शिविर में आया हूँ। शिविर में आकर मैंने जितने भी प्रवचन सुने तो ऐसा लगा कि सत्य सुनने से ही सभी दुःखों और पापों का अंत होता है। ये सारे प्रवचन सुनने से बहुत अच्छा लगा। पहले मेरी सोच बैलगाड़ी और ट्रक में सफर करती थी; मगर अब समझ मिलने के बाद आज मेरी सोच जहाज में सफर कर रही है। मैं सभी को यह विश्वास दिलाना चाहता हूँ कि यदि इसी प्रकार हमारी भारतीय सेना को सरश्री के अमृत वचनों से मार्गदर्शन मिलता रहा तो यकीनन एक बहुत मजबूत भारतीय सेना बनेगी, जो आध्यात्मिक तौर पर भी मजबूत होगी। फिर कोई भी देश हमारी सरहद को पार नहीं कर पाएगा।

शेयरिंग 8—

मैं लेफ्टिनेंट कर्नल मेरठ से आया हूँ। हम सभी छह दिन से महानिवासी महाआसमानी शिविर में हैं। आज जो सेल्फ रियलाइजेशन और महाआनंद हमें मिला है, उसके लिए मुझे बहुत अच्छा लग रहा है। मैं उसके लिए सरश्री का धन्यवाद अदा करना चाहता हूँ। मेरी कोशिश है कि देश के तेरह

लाख सैनिक तेजज्ञान से जुड़ें।

शेयरिंग 9—

हम दोनों पति-पत्नी इस महाआसमानी शिविर में आए हैं और आश्रम में आकर हमने प्रवचन सुने हैं। मुझे इतनी खुशी हुई कि कल जो बताया गया, उसका अनुभव हमें तुरंत दूसरे दिन मिला। रमजान के महीने में यह शिविर करने का मौका मुझे मिला है। मैंने ख्वाब में भी नहीं सोचा था कि मैं कभी हज कर सकता हूँ। यह शिविर मेरे लिए हज ही है। आज मैं बहुत खुश हूँ। अपनी पूरी जिंदगी में मैं इतना खुश पहले कभी नहीं हुआ था। मैं यह महसूस कर रहा हूँ कि आज मैं यहाँ से हज करके जा रहा हूँ। इस शिविर में आकर मुझे इतनी खुशी मिली है कि खुशी से मेरी आँखों से आँसू निकल रहे हैं।

शेयरिंग 10—

आदरणीय सरश्री तेजपारखीजी ने जितने भी प्रवचन हमें दिए हैं, वे हमें सही रास्ता दिखाते हैं। जब हम बाहरी दुनिया में व्यवहार करते हैं तब हमें उजाले की तरफ बढ़ना होता है। जिस काम के लिए पैगंबर मोहम्मद ने हमें दावत (जन्म) दी है, हमें बुलाया है, उस काम को, उस कार्य को हमें आगे बढ़ाना है। इसलिए कुदरत, ईश्वर ने आदरणीय पारखीजी जैसे अँधेरे से उजाले की ओर बुलानेवाले मसीहा को हमारे पास भेजा है। हमारा यह कर्तव्य बनता है कि हम उनकी बात पर अमल करें और अपने कदमों को सत्य की ओर बढ़ाएँ।

शेयरिंग 11—

बहुत सारी बीमारियों का मूल ही साइकोलॉजिकल रहता है। इन सारी बीमारियों का इलाज अगर तेजज्ञान से करें तो ये बीमारी होने से पहले ही बीमारी का इलाज (प्रिवेंटिव स्टेप) होगा। 90 प्रतिशत बीमारियाँ, जो शारीरिक हों या मानसिक, हर बीमारी का हल तेजज्ञान में है। अगर कोई साइक्रेटिक या डॉक्टर तेजज्ञान प्राप्त करे तो कितना अच्छा होगा। फिर उसे लिखित में कोई प्रिस्क्रिप्शन देने की जरूरत नहीं होगी। जब बीमार इनसान

आएगा तब उसे सिर्फ इतना ही प्रिस्क्रिप्शन देना होगा कि 'तुम तेजज्ञान में जाओ और ज्ञान पाओ। तेजज्ञान से बहुत सारी शारीरिक, मानसिक, आर्थिक बीमारियाँ जड़ से निकल जाएँगी।'

शेयरिंग 12—

जब मैं महानिवासी महाआसमानी शिविर करने के लिए आया तब मेरे पास बहुत सारी मान्यताएँ थीं। मैं उन मान्यताओं के बोझ तले पूरा दबा हुआ था। शिविर करने से मुझे ऐसा लगा कि अब वह बोझ थोड़ा कम हो गया है।

शेयरिंग 13—

दो दिन पहले मैं सिर्फ एक मामूली इनसान था। मैं कौन हूँ, यह मुझे मालूम नहीं था; लेकिन यह जानने की इच्छा से मैं दर-दर घूम रहा था। मैं इधर-उधर तड़प रहा था और इस महाआसमानी शिविर में आने के बाद 'मैं कौन हूँ', यह आज मुझे समझ में आया।

□

भाग 4

आपके सवाल

तेजज्ञान फाउंडेशन

प्र. 1 : तेज ज्ञान फाउंडेशन क्या है ?

तेज ज्ञान फाउंडेशन 'न नफा, न नुकसान' (No profit, No loss) इस तथ्य पर आधारित 'मुंबई पब्लिक ट्रस्ट एक्ट' के अंतर्गत अधिकृत संस्था है। इस संस्था की शुरुआत सन 1997 में हुई और 1999 से यह कार्यरूप में आई। तेज ज्ञान फाउंडेशन तेजगुरु सरश्री तेजपारखी के अनुभव व अध्ययन की शिक्षाओं के लिए समर्पित है।

प्र. 2 : तेज ज्ञान (तेज सत्य) यानी क्या ?

तेज ज्ञान का अर्थ शब्दों में बताना कठिन है, फिर भी पाठकों को समझने के लिए इसे तीन तरीकों से बताने का प्रयत्न किया गया है, क्योंकि यह ज्ञान शब्दों से नहीं बल्कि अनुभव से जाना जा सकता है—

1. तेज ज्ञान यानी वह ज्ञान जो ज्ञान व अज्ञान से परे का ज्ञान है, जो शरीर व बुद्धि के परे है। शरीर पर ज्ञान—स्पर्श, संवेदनाओं और इंद्रियों के द्वारा होता है; परंतु जो ज्ञान बुद्धि और शरीर दोनों से परे है, वह है 'तेज ज्ञान', 'तेज सत्य'। तेज—इस शब्द का अर्थ है 'दो से परे' (beyond two)। जैसे—सुख-दु:ख, मान-अपमान, सफलता-असफलता, अमीर-गरीब, स्वर्ग-नरक, कर्म-भाग्य, जीवन-मृत्यु आदि।
2. अब तक अनेक संतों ने आध्यात्मिक सत्य प्रकट किए हैं, किंतु समय के साथ-साथ उन शिक्षाओं (सत्य) का अर्थ आज खो चुका है। जब कोई तेजगुरु आत्मानुभव में स्थिर होकर सनातन काल से चले आ रहे इन

आध्यात्मिक सत्य की 'लुप्त कड़ी' (missing link) के बारे में ज्ञान देते हैं, तो वही ज्ञान 'तेज ज्ञान' है।

3. हर व्यक्ति किसी-न-किसी समस्या में उलझा हुआ है। समस्याओं से जूझते हुए वह किसी भी मार्ग पर हो, दुःख-मुक्ति का रास्ता, समस्या का समाधान ढूँढ़ रहा होता है। उसे लगता है कि किसी विशेष तरह का ज्ञान पा लेने से उसका दुःख समाप्त हो जाएगा। इसी तलाश के साथ उसे जहाँ कहीं भी ज्ञान की बातें सुनाई देती हैं, वह उसमें सम्मिलित होता है। जिसमें उसे यह अपेक्षा होती है कि कहीं तो उसकी समस्याओं का समाधान मिल जाएगा। परंतु केवल 'ज्ञान' से जो समाधान प्राप्त होता है, वह अस्थायी है। एक समस्या का समाधान मिलते-मिलते दूसरी समस्या उत्पन्न होती है, दूसरी के खत्म होते-होते तीसरी समस्या आ जाती है।

जिस तरह विश्व की समस्याओं को विश्व के समाधानों से सुलझाया नहीं जा सकता, उसी तरह मन से संबंधित प्रश्नों का उत्तर मन नहीं दे सकता। इसलिए आज विश्व को ऐसे ज्ञान की आवश्यकता है, जो एक साथ सभी समस्याओं को विलीन कर दे, ऐसे ही स्थायी और प्रखर ज्ञान को 'तेजज्ञान, तेजसत्य' कहा गया है, जो हमारे अंदर ही है, जिसे लोगों ने अलग-अलग नाम दिए हैं—ईश्वर, अल्लाह, सेल्फ, शक्ति, स्वसाक्षी, चेतना या आत्मानुभव।

प्र. 3 : इस सत्संग को अंतिम सत्संग क्यों माना गया है?

हर मार्ग से भटककर खोजी जब यहाँ आता है तब वह अंतिम समझ सुनने के लिए तैयार होता है। समझ मिलते ही उसकी अध्यात्म की सारी धारणाएँ नष्ट हो जाती हैं। वह इस समझ का प्रेमी बन जाता है। इसलिए इस सत्संग को 'समझसंग' कहा गया है। इसमें खोजी को अपनी समझ व सामान्य ज्ञान का भरपूर इस्तेमाल करना पड़ता है। अंतिम सत्संग, समझसंग, तेजज्ञान, टी.जी.एफ., सत्य त्रिकोण एक ही चीज के अनेक नाम हैं।

असत्य के त्रिकोण यानी माया की तीन बातें—कपट, अनुमान, अविश्वास से बचने के लिए सत्य के त्रिकोण—श्रवण, सेवा, भक्ति को हर युग में अलग-अलग तरीके से युगपुरुषों ने स्थापित किया है। श्रवण ज्ञान का प्रतीक है, सेवा

कर्म का प्रतीक है और भक्ति उपासना का प्रतीक है। सत्य के अनेक मार्गों को मुख्यत: तीन मार्गों में बाँटा गया है। ये तीन मार्ग हैं—कर्म मार्ग, ज्ञान मार्ग व भक्ति मार्ग। तीनों मार्गों का एक साथ लाभ लेने के लिए सत्य के त्रिकोण का आविष्कार हुआ है। एक-दूसरे के बिना तीनों कोने अधूरे हैं। एक-दूसरे के साथ मिलकर ये तीन कोने बनते हैं 'अंतिम सत्संग'।

प्र. 4 : तेज ज्ञान फाउंडेशन का लक्ष्य और तरीका क्या है ?

तेज ज्ञान फाउंडेशन के तीन लक्ष्य व चार तरीके हैं—

तीन लक्ष्य—

1. विश्व के हर व्यक्ति को तेज ज्ञान मिले—नि:शुल्क। नि:शुल्क इसलिए, क्योंकि इसका मूल्य नहीं लगाया जा सकता है। यह अमूल्य ज्ञान है।
2. विश्व का हर व्यक्ति तेज संसारी बने। वह भय, चिंता व तनावमुक्त जीवन जिए, क्रोध से आजादी पाए, मान्यताओं से मुक्त होकर दूसरों के साथ अपना जीवन भी आनंदित बनाए।
3. विश्व का प्रत्येक मनुष्य हैप्पी थॉट्स (शुभ इच्छा), सकारात्मक विचार सोचे, करे, कहे। (Think happy thoughts, Say happy thoughts, Spread happy thoughts)।

तेज ज्ञान फाउंडेशन का लक्ष्य है 'शुभ इच्छा यानी हैप्पी थॉट्स को विश्व के हर व्यक्ति तक पहुँचाया जाय।' हैप्पी थॉट्स दो शब्दों की शक्ति है। जहाँ नकारात्मक विचार खत्म होते हैं, वहाँ से सकारात्मक विचार शुरू होते हैं। जहाँ सकारात्मक विचार खत्म होते हैं, वहाँ शुभ विचार (हैप्पी थॉट्स) यानी सभी इच्छाओं से मुक्त होने का विचार शुरू होता है और जहाँ शुभ विचार पूर्ण होता है, वहाँ होता है 'आत्म-साक्षात्कार'।

- हैप्पी थॉट्स का अर्थ है वह शुभ इच्छा, जो इच्छाओं, विचारों के प्रति चिपकाव खत्म करने की इच्छा है, जिससे दु:ख-मुक्ति का रास्ता खुलता है।
- हैप्पी थॉट्स एक विश्वास है कि हर चीज भरपूर है, कोई भी चीज आपके पहुँच के परे नहीं है।

- हैप्पी थॉट्स यानी यह जानना कि आप उन्नति की राह पर हैं। आप श्रवण, मनन और अभ्यास द्वारा बेहतर बन सकते हैं। तरकीब, तकनीक और समझ द्वारा किया गया परिश्रम ही आपको आपके लक्ष्य तक पहुँचा सकता है।
- हैप्पी थॉट्स—अर्थात् इस बात का बोध कि जीवन बड़ा सुंदर है और हर रोज ही इस जीवन में चमत्कार घटते हैं।

चार तरीके—

1. सभी जाति, संप्रदाय और धर्मों के लोग, चाहे वे किसी भी लिंग के हों, समझ प्राप्त कर सकते हैं।
2. मानव जाति के सभी लोगों में अंतिम सत्य का ज्ञान और वैज्ञानिक तकनीक से आत्मसाक्षात्कार प्राप्त करने की विधि समझाना।
3. जीवन के सभी पहलू—शारीरिक, मानसिक, सामाजिक, आर्थिक, आध्यात्मिक तथा तेज ज्ञान के शुद्ध (होलिस्टिक) विकास का महत्त्व बताना।
4. मानव जाति को ईश्वर की मूरत (प्रतिमा) मानकर उसकी सेवा करना सिखाना।

प्र. 5 : तेज ज्ञान फाउंडेशन की पद्धति (सिस्टम) क्या है और यह पद्धति क्यों है?

जिस पद्धति से तेज ज्ञान दिया जाता है, वह यहाँ की खूबसूरती है। इस पद्धति को समझें—

1. तेज ज्ञान विशिष्ट क्रम से, जैसे आपकी समझ है, आपके सामने उजागर किया जाता है। सरश्री कहते हैं, 'जो गीता अर्जुन के लिए कही गई, वही अगर दुर्योधन या शकुनि के लिए कही जाती तो वह निश्चित ही अलग होती।'
2. पहले स्तर पर जो अनुभव दिया जाता है, वही दूसरे स्तर के लिए नींव का काम करता है। इसलिए यह प्रणाली अपने आपमें पूर्ण है।
3. तेज ज्ञान में श्रवण मार्ग द्वारा आपकी समझ पर कार्य किया जाता है, क्योंकि

लक्ष्य है—'समझ को उजागर करना'। आप श्रवण करते हैं, जिससे आपकी समझ बढ़ती है और आप अपने जीवन में वैसा जीना शुरू कर देते हैं। इसे ऐसे समझें, अगर आप पानी पीने वाले हैं और कोई कहे कि जिस गिलास में आप पानी पी रहे हैं, उसमें जहर है तो आप तुरंत गिलास फेंक देंगे। वैसे ही सत्य सुनते ही आपका जीवन वैसा नहीं रहता, आप सत्य के साथ जीवन जीने लगते हैं।

4. तेज ज्ञान केवल तेजगुरु सरश्री द्वारा दिया जाता है। तेजगुरु उस अनुभव में हैं और अनुभव से ही हमें मार्गदर्शन मिलता है।

5. हर इनसान अलग-अलग मान्यताओं में जीवन जीता है। सरश्री कहते हैं, 'सब मान्यताओं का खेल है, समझ ही अपने आप में पूर्ण है।' यह समझ आपको आपकी 'गीता' (स्वभाव) के अनुसार दी जाती है।

6. तेज ज्ञान में ज्ञान और अनुभव दोनों पर कार्य होता है। इसे एक शब्द में हम कह सकते हैं 'नॉलेरियंस (नॉलेज + एक्सपीरियंस)' अर्थात् अनुभव और ज्ञान का जोड़। यही जोड़ जीवन में सत्य के प्रति हमारा विश्वास (conviction) बढ़ाता है। इसी विश्वास से जीवन परिवर्तित होता है। हम में हुए परिवर्तन ही हमें जीवन में सत्य का प्रमाण देते हैं।

7. सरश्री कहते हैं, 'वही ज्ञान सच्चा है, जो अंदर के गुरु से मिलता है।' गुरु यानी कोई शरीर नहीं है। वह तो निमित्त है। इसी तथ्य को लेकर तेज ज्ञान अंदर की यात्रा करता है और आपकी चेतना के स्तर को उठाता है।

8. सरश्री कहते हैं, 'समस्याओं को एक-एक करके न सुलझाते हुए उसे एक साथ विलीन करना है। इस तरह चेतना उठाने की सेवा जो समाज के लिए की जा रही है, उससे उच्च कार्य और कोई नहीं हो सकता। आपको कैसा लगेगा, जब आपको यह पता चलेगा कि जिस समस्या को आप समस्या कह रहे थे, वह समस्या नहीं बल्कि आपकी मित्र थी, आपकी उन्नति का राज थी।'

इस तरह से हमने समझा कि तेज ज्ञान है 'सिस्टम फॉर विज्डम' यानी यहाँ पर प्रज्ञा जगाने के लिए निश्चित कार्यप्रणाली का उपयोग किया जाता है। इस कार्यप्रणाली द्वारा विश्व के हजारों खोजी अपने जीवन में सत्य का अनुभव

कर रहे हैं। तेज ज्ञान फाउंडेशन की यह खूबसूरती है कि यहाँ पर एक-एक कदम करके उच्चतम ज्ञान दिया जाता है।

प्र. 6 : तेज ज्ञान की विशेषताएँ क्या हैं ? यह अन्य प्रणालियों से बेहतर कैसे है ?

1. स्वानुभव से ज्ञान दिया जाता है—

तेज ज्ञान के संस्थापक तेजगुरु सरश्री उस स्वानुभव में स्थापित हैं, जिस अनुभव में बुद्ध, महावीर, जीसस या पैगंबर जैसे महान् संत थे। ज्ञान-प्राप्ति के लिए जाग्रत् गुरु का होना अपने आप में एक कृपा है। जब हम में से कोई एक हमारे सामने उस अनुभव से बात करता है तो हमें भी वैसा जीवन जीने की प्रेरणा मिलती है।

सरश्री कहते हैं, 'अगर हममें से किसी एक के साथ यह हो सकता है तो हर व्यक्ति के साथ यह संभव है। जाग्रत् गुरु के साथ रहने से हम कभी भी शंकाओं को लेकर नहीं घूमते, उनका निवारण हमें तुरंत मिलता ही है। जाग्रत् गुरु के रहते हुए हमें अनुभव के बारे में सुनने की बजाय देखने व अनुभव करने के अवसर ज्यादा मिलते हैं।

2. आपकी गीता अनुसार मार्गदर्शन दिया जाता है—

महाभारत में युद्धभूमि पर कृष्ण द्वारा 'गीता' के रूप में अर्जुन को संदेश यानी मार्गदर्शन प्राप्त हुआ। उस समय अर्जुन की जो अवस्था थी, उसके अनुसार गीता बनी। अगर अर्जुन की बजाय कृष्ण के सामने दुर्योधन होता तो क्या कृष्ण द्वारा वही गीता बनती, जो अर्जुन के लिए बनी ? नहीं। यह सवाल मनन करने योग्य है। दुर्योधन के अनुसार गीता में से कुछ अध्याय निकालने पड़ते और कुछ अध्याय जोड़ने पड़ते। दुर्योधन को 'युद्ध मत करो', यही कहा जाता; जबकि अर्जुन को धनुष उठाने की आज्ञा मिली।

इसी तरह तेज ज्ञान भी आपको आपकी 'गीता' के अनुसार ज्ञान देता है। आपकी आज की समस्या, आज की समझ, आज की प्यास, आज के प्रयास— इन सबको ध्यान में रखते हुए आपको मार्गदर्शन दिया जाता है।

3. लाभ नहीं, लक्ष्य पर काम होता है—

आध्यात्मिक मार्ग पर चलते हुए खोजियों को कई सारे लाभ मिलते हैं। कुछ लोग शुरुआत में योग या साँस पर कार्य करते हैं, उन्हें स्वास्थ्य से संबंधित लाभ होते हैं। जब कोई ध्यान करता है तो उसे बौद्धिक लाभ होते हैं, तनाव दूर होता है और एकाग्रता बढ़ती है। जब व्यक्ति जप करता है तब वह बाकी सब विचारों को भूलकर स्मरण कर पाता है। ये सारे लाभ होते हैं; पर यह मानव जीवन का लक्ष्य नहीं है।

लक्ष्य है 'अपने आप पर जाना।' लक्ष्य है 'शरीर को सुंदर, स्वच्छ, मजबूत मंदिर बनाना', ताकि सेल्फ (ईश्वर) अपना अनुभव पूरी तरह से कर पाए। साँस का लक्ष्य है 'हमें हर क्षण यह पता चले कि मैं जिंदा हूँ।' मगर हम व्यायाम को ही अध्यात्म समझकर साँस की क्रिया पर रुक जाते हैं या मंत्रों के जाप में उलझ जाते हैं तो हमने लक्ष्य को ठीक से समझा ही नहीं। हालाँकि अजपा जाप जो सतत चल ही रहा है। कोई शरीर पर संवेदनाओं को देखता है, इसके लाभ बहुत हैं; मगर लक्ष्य केवल संवेदनाएँ देखना नहीं है। लक्ष्य है—संवेदना देखनेवाले को देखना (जानना)। वास्तव में 'मैं कौन हूँ', यह जानना अध्यात्म की शुरुआत है, न कि अंत। तेज ज्ञान का उद्देश्य है—लाभ पर नहीं बल्कि लक्ष्य पर ध्यान देना।

4. पहली समझ पहले दी जाती है—

पहली समझ पहले प्राप्त करें। जैसे कोई बगीचे में आकर यह पूछे कि 'क्या मैं गुलाब का फूल तोड़ सकता हूँ ?' तो आप उससे कहेंगे कि 'गुलाब तोड़ सकते हैं या नहीं, उससे पहले आप यह जानें कि आपको बगीचे में आने की अनुमति है भी या नहीं !' वैसे ही जीवन जीने के पहले खुद को जानना जरूरी है। यह पहली समझ पहले समझें कि 'मैं कौन हूँ ?' उसके बाद ही सारे सवाल और उनके जवाब पता चलते हैं।

प्र. 7 : तेज ज्ञान फाउंडेशन किस तत्त्व (Philosophy) पर आधारित है ?

तेज ज्ञान फाउंडेशन का मूल तत्त्व है—'सब मान्यताओं का खेल है, Understanding is the whole thing।' समझ से सभी मान्यताएँ, गलत धारणाएँ, जो दुःख का कारण बनती हैं, टूट सकती हैं। मान्यताएँ हैं पिंजरा, Understanding is the key, मान्यताएँ हैं बंधन और उनकी समझ है मुक्ति का

मार्ग। *(मान्यता को विस्तार से जानने के लिए पढ़ें तेज ज्ञान फाउंडेशन द्वारा प्रकाशित पुस्तक 'मान्यताओं की किताब')*।

प्र. 8 : 'तेज ज्ञान' किनके द्वारा दिया जाता है ? तेज ज्ञान फाउंडेशन के संस्थापक कौन हैं ?

इस संस्था के संस्थापक हैं 'तेजगुरु सरश्री तेजपारखी'। तेजगुरु सरश्री की आध्यात्मिक खोज उनके बचपन से प्रारंभ हो गई थी। उनके मन में ये प्रश्न उठते—

1. अगर कर्मों की वजह से जन्म मिला, दुःख मिला तो इनसान का पहला जन्म कौन से कर्मों की वजह से हुआ ?
2. संसार अगर असत्य है, सपना है तो फिर क्या है सत्य ?
3. मरने के बाद हम कहाँ जाएँगे ?
4. ध्यान करने से सत्य मिलता है ? या सत्य मिलने से इनसान ध्यान में ही रहता है ?
5. कर्म बड़ा या भाग्य बड़ा ?
6. असली अहंकार और नकली अहंकार में क्या फर्क है ?
7. क्या है मोक्ष ? क्या है निर्वाण ? क्या है मुक्ति ? संसार अगर बंधन है, गुलामी है तो क्या है स्वतंत्रता ?

अपने आध्यात्मिक अनुसंधान में लीन होकर तेजगुरु सरश्री ने अनेक ध्यान-पद्धतियों का अभ्यास किया। उनकी इसी खोज ने उन्हें विविध वैचारिक और शैक्षणिक संस्थानों की ओर अग्रसर किया।

सत्य की खोज में अधिक-से-अधिक समय व्यतीत करने की प्यास ने उन्हें अपना तत्कालीन अध्यापन कार्य त्याग देने के लिए प्रेरित किया। जीवन का रहस्य समझने के लिए उन्होंने एक लंबी अवधि तक मनन करते हुए अपना अन्वेषण जारी रखा, जिसके अंत में उन्हें आत्मबोध प्राप्त हुआ। आत्मसाक्षात्कार के बाद उन्हें यह अनुभव हुआ कि सत्य के अनेक मार्गों की लुप्त कड़ी है—समझ (understanding)।

सरश्री कहते हैं कि सत्य के सभी मार्गों का प्रारंभ अलग-अलग प्रकार से होता है, किंतु सबका अंत इसी 'समझ' से होता है। 'समझ' ही सबकुछ है और यह 'समझ' अपने आप में संपूर्ण है। अध्यात्म के लिए इसी 'समझ' का श्रवण ही पर्याप्त है।

तेज ज्ञान के विषय में अलग-अलग संतों ने उस समय की भाषा और परिस्थितियों के अनुसार 'सत्य की व्याख्या' की। सरश्री आज के समय के पारख़ी हैं। वे सत्य की व्याख्या आज की भाषा में, आज की आवश्यकतानुसार, आज के उदाहरण देकर कर रहे हैं। जैसे टी.वी., कंप्यूटर, विज्ञान इत्यादि। आज की जीवन की जटिलताओं पर आधारित ही उनके अनेक उदाहरण होते हैं।

- सरश्री कहते हैं, 'सत्य तो एक है, सत्य अपरिवर्तित है, कभी बदलता नहीं; परंतु समय के अनुसार सत्य की परिभाषा बदल जाती है।'
- जैसे बुद्ध ने कहा था कि 'दुःख है, दुःख का कारण है, दुःख का निवारण है, दुःख-रहित जीवन की अवस्था भी है।'
- सरश्री कहते हैं कि 'आनंद है, आनंद का कारण है, आनंद-प्राप्ति का मार्ग है और आनंद प्राप्त की हुई अवस्था भी है।'
- निसर्गदत्त महाराज ने कहा, "I AM THAT"—'मैं वही हूँ'।
- सरश्री ने इसे और स्पष्ट किया "I am is that"—'मैं हूँ, है वही'।
- रमण महर्षि महाराज से जब प्रश्न पूछे जाते तो बहुत से प्रश्नों के उत्तर में वे कहते थे कि 'पहले स्वयं को पहचानो कि तुम कौन हो?'
- आज सरश्री यह समझ (Understanding) देकर कि 'तुम कौन हो', इस समझ के साथ कैसे जिएँ', यह सिखाते हैं।
- गीता के लिए सरश्री कहते हैं कि 'वह गीता अर्जुन के लिए थी। कृष्ण ने अर्जुन को मारने की आज्ञा देकर कहा था कि 'तू मार, क्योंकि तू मारनेवाला नहीं है, तू कर्ता है भी नहीं।' परंतु अर्जुन की जगह पर यदि दुर्योधन कृष्ण से पूछता तो कृष्ण दुर्योधन से वही शब्द नहीं कहते, जो उन्होंने अर्जुन से कहे। दुर्योधन के साथ कृष्ण की आज्ञा बदल जाती, क्योंकि हर एक की 'गीता' अलग है। हमें भी अपनी 'गीता' खोजनी होगी।

- सरश्री कहते हैं, जो भी सत्य के संबंध में पुराने शास्त्र हैं, पुस्तकें हैं, वे पुस्तकें सत्य के खोजी की समस्याएँ सुलझाती तो नहीं हैं, बल्कि उन्हें और भी उलझा देती हैं। क्योंकि उन पुस्तकों में केवल संत के वक्तव्य लिखे होते हैं, जो संत ने कहे हैं। उसमें यह नहीं लिखा गया है कि वह वक्तव्य किसे कहे गए ? प्रश्नकर्ता की समझ का स्तर क्या था ? सत्य का खोजी किस अवस्था में था ? और किसी की (सुननेवाले की) अवस्था शास्त्र में लिखी नहीं होती; क्योंकि सत्य के वक्तव्य सामनेवाले (शिष्य) की अवस्था के साथ बदल जाते हैं।

  उदाहरण के लिए—जैसे कोई व्यक्ति किसी संत से पूछे, 'यह दुर्घटना मेरे साथ क्यों हुई ? मैंने क्या गलत किया ? क्यों संसार के सभी बुरे और बेईमान लोगों के साथ शुभ ही हो रहा है, अच्छा हो रहा है ? मेरे साथ ही बुरा क्यों ?' इस प्रश्न का ठीक उत्तर देने के लिए संत को पूरा सत्य समझाना होगा। यह एक ही मुलाकात में संभव नहीं है। बहुत बार तो प्रश्नकर्ता की सत्य सुनने में कोई रुचि नहीं होगी। उसे सत्य चाहिए भी नहीं। उसे चाहिए उसकी समस्या का समाधान। अगर उसे यह उत्तर मिले कि 'यह तुम्हारा भाग्य है', तो वह गलत धारणाओं को पकड़ लेगा। आज भी ऐसे तथाकथित पंडित हैं, जो उसे यह बताएँगे कि 'यह तुम्हारे पूर्वजन्म के कर्मों का फल है, जिसके कारण तुम दुःखी हो।' इस तरह के उत्तर सुनकर वह गलत धारणाएँ और गलत मान्यताएँ इकट्ठी कर लेगा।

- परंतु सरश्री की यही सबसे बड़ी कला है कि वे किसी प्रश्न का अधूरा उत्तर कभी नहीं देते। वे पूर्ण सत्य देंगे या तो कुछ न कहेंगे। जो सचमुच सत्य के खोजी हैं, जिन्हें पूर्ण सत्य समझने की प्यास है, उन्हीं के लिए सरश्री द्वारा तेजज्ञान फाउंडेशन जैसी संस्था का निर्माण हुआ है।

- सत्य सरल बनाने के लिए सरश्री आध्यात्मिक शब्दों का नव-निर्माण कर रहे हैं, ताकि साधारण खोजी भी सत्य आसानी से समझ पाएँ। यहाँ सबसे महत्त्वपूर्ण जिस शब्द की रचना की गई है वह है 'तेज' (bright)। तेज का अर्थ है 'दो के परे।' तेज ज्ञान का अर्थ है—वह ज्ञान, जो ज्ञान और अज्ञान के परे है। (beyond knowledge & Ignorance)। तेज आनंद का अर्थ

है—जो सुख और दुःख के परे है, beyond है।

- जो भी इस पूर्ण सत्य के कार्यक्रम में सम्मिलित होता है, उसे केवल श्रवण करना है, सुनना है। सुनना है कुछ विशेष विषयों पर प्रवचन, वह भी केवल सप्ताह में एक बार। सरश्री कहते हैं, 'समझ अपने आपमें पूर्ण है, सब मान्यताओं का खेल है, Understanding is the whole thing', यह समझ मात्र सुनने से उपलब्ध होती है। जिसने भी सत्य जाना है, उससे अगर सुनते हैं तो समझ शीघ्र प्राप्त होती है। जब कोई सरश्री द्वारा बताया गया सत्य सुनता है, जब किसी के जीवन में वह उतरता है तब उस खोजी के जीवन में आध्यात्मिक अनुभूतियाँ प्रारंभ हो जाती हैं। इस मार्ग पर चलते हुए उसकी रोजमर्रा की क्रियाओं में कोई बाधा नहीं पड़ती। वे क्रियाएँ तो वैसे ही होती रहती हैं जैसे पहले हो रही थीं, परंतु उन क्रियाओं में भीतर से परिवर्तन अवश्य होता है। भीतर से वह 'तेज संसारी' होने लगता है। तेज संसारी वह, जो संसार और संन्यास के परे का जीवन जिए। उसे संसार छोड़ना नहीं पड़ता; बल्कि उसका जीवन सरल और सहज होने लगता है।

प्र. 9 : क्या श्रवण से आत्मसाक्षात्कार होगा ? सिर्फ सुनने (श्रवण) मात्र से यह अनुभव (आत्मसाक्षात्कार) कैसे प्राप्त हो सकता है ?

श्रवण ही पहला मार्ग है। पहले तो श्रोता (सुननेवाले) को विश्वास नहीं होता कि कैसे सुनने मात्र से सत्य प्राप्त होगा; मगर जैसे-जैसे वह सत्य सुनता है वैसे-वैसे उसका अविश्वास श्रद्धा में परिवर्तित होता है। श्रवण से सत्य (ईश्वर) इसलिए मिल सकता है, क्योंकि वह पहले से ही हमारे अंदर है। यदि वह पहले से ही हमारे अंदर न होता तो श्रवण से सत्य कभी नहीं मिलता। फिर हमें तप, ध्यान, उपवास, तंत्र, मंत्र इत्यादि करने पड़ते।

दरअसल, हमारे और सत्य के बीच जो बाधा है, वह है मन। मन को ही यह बोध दिया जाता है कि 'तू ही दुःख का कारण है। तेरे कारण ही आनंद के स्रोत में अवरोध है। तेरे कारण ही सत्य पाने में बाधा है।' जैसे ही मन को श्रवण द्वारा यह समझ मिलती है तो वह हटने को राजी हो जाता है, वह गिरना स्वीकार करता है।

दूसरी बात यह है कि सुनने के लिए कोई प्रयास थोड़े ही करना पड़ता है। देखना हो तो आँख खोलनी पड़ती है—और आप कहते हैं कि 'मैं देख रहा हूँ।' बोलना हो तो जबान चलानी पड़ती है—और आप कहते हैं कि 'मैं बोल रहा हूँ।' इन दोनों में कर्ता भाव मौजूद है। मगर सुनने के लिए कान थोड़े ही खोलने पड़ते हैं, वे तो पहले से ही खुले हैं। सुनने से यह बोध होता है कि 'मैं कर्ता नहीं, मैं करनेवाला नहीं।' जैसे-जैसे यह बोध गहरा होगा वैसे ही अहंकार गिरेगा, मन हटेगा, फिर सुननेवाला नहीं बचेगा, श्रोता नहीं रहेगा। श्रोता (खोजी) तो विदा हो चुका, मात्र श्रवण (सुनना) ही रह जाता है और तब जो प्रकट होता है, वही 'सत्य' है, वही है खोजी का खजाना।

जब हमारा पूरा शरीर कान बनता है तब सिर्फ मात्र सुनना हमें निर्विचार अवस्था में ले जाता है, जहाँ कोई विचार, कोई शब्द नहीं होते। विचार से चिपकाव ही तो बंधन है। जैसे ही आप निर्विचार हुए वैसे ही मुक्त हुए। पाप भी एक विचार है तो पुण्य भी एक विचार मात्र है। फिर हमारे पाप काटने के लिए पुण्य करने की आवश्यकता नहीं (पुण्य, अच्छे कार्य तो आपके लिए अभिव्यक्त होंगे)। पाप-पुण्य, स्वर्ग-नरक, कर्म-भाग्य, सुख-दुःख के विचारों से मुक्ति ही हमें सत्य के द्वार पर लाकर खड़ा करती है।

सुनते समय जब हम बाधा नहीं बनते, तभी सीधा सत्य हमारे भीतर उतरता है। जब हम सीधा सुनते हैं तब न तौलना, न तुलना, न तोड़ना होता है। तब शब्दों के हथौड़ों से हमारे अहंकार का पत्थर टूटता है और प्रकट होता है वह अप्रकट, जिसे हम जन्मों-जन्मों से खोज रहे हैं।

अंतिम सत्संग में सत्य का त्रिकोण दिया जाता है, जिसका पहला कोना ही है 'श्रवण'। श्रवण द्वारा—श्रवण, सेवा, भक्ति का महत्त्व पता चलता है।

श्रवण से ही श्रवण का महत्त्व पता चलता है। सत्य को बतानेवाले सबसे पहले ऋषियों ने भी श्रवण मार्ग को ही चुना, सत्य सुनाकर अपने शिष्यों को स्वयंबोध करवाया। आगे चलकर कुछ शिष्यों के लिए, जो कम बुद्धि रखते थे, कुछ विधियों का निर्माण किया गया, जिससे वे श्रवण की तैयारी कर पाएँ। बाद में तैयारी करवानेवाली विधियाँ ही सबकुछ बन गईं। आज उन्हीं विधियों को लोग ज्ञान समझ रहे हैं। असली ज्ञान आज लुप्त हो चुका है। श्रवण से यह ज्ञान मिलता आया है, आगे भी मिलता रहेगा।

राजा जनक, अष्टावक्र तथा सभी उपनिषदों के गुरु और शिष्य इस बात के गवाह हैं कि 'श्रवण द्वारा स्वयंबोध होता है।' भारतीय ऋषियों ने हमेशा सत्य जैसा है, उसका वैसा ही वर्णन किया है, क्योंकि जो चीज आपको मिलनेवाली है, वह आपके पास पहले से ही है। यदि वह चीज आपके पास नहीं होती तो श्रवण से आत्मसाक्षात्कार नहीं होता।

सुनने से समझ मिलती है और समझ मिलते ही क्रिया अपने आप होने लगती है। दरअसल सुनना, समझना और करना—ये तीन नहीं, एक ही हैं। उदाहरण—आप किसी रास्ते से जा रहे हैं और सामने साँप आए, जिसे आप रस्सी समझ रहे हैं। उस वक्त अगर कोई आपको बताए कि 'वह रस्सी नहीं, साँप है', तो आप तुरंत उस जगह से हट जाएँगे। ऐसे वक्त सुनना, समझना और करना—तीनों क्रियाएँ एक साथ होंगी। इसलिए हमें मात्र सत्य सुनना है, सत्य के बारे में नहीं सुनना है।

अपने जीवन में हम सभी जो करने आए हैं, उसे छोड़कर बाकी सभी बातें कर रहे हैं; मगर यह बतानेवाले बहुत कम लोग हैं कि 'हम वाकई क्या करने आए हैं।' कई खोजियों के मन में इस प्रकार के प्रश्न उठते हैं कि 'हम कौन हैं ? यहाँ क्यों आए हैं ? पृथ्वी लक्ष्य क्या है ? क्या यह जीवन इसी प्रकार गुजर जाएगा ?' इन सवालों के जवाब हमें कैसे मिलें ?

सत्य का श्रवण इसलिए ही करना है, ताकि हम यहाँ क्यों हैं, यह हमें पता चले। जीवन का असली लक्ष्य पता चले। जीवन का बाहरी लक्ष्य तो सभी बताते हैं कि 'मुझे डॉक्टर बनना है, इंजीनियर बनना है, शिक्षक बनना है'; मगर उस लक्ष्य का क्या, जो बना हुआ ही है, केवल उसे पाना है श्रवण द्वारा।

प्र. 10 : श्रवण करने के लिए क्या करें ?

तेज ज्ञान फाउंडेशन में तेजगुरु सरश्री तेजपारखीजी के प्रवचनों की ऑडियो कैसेट्स तेज श्रवण स्थान में उपलब्ध हैं, जहाँ खोजी अपने समय के अनुसार आकर सरश्री के प्रवचनों का लाभ लेकर अपनी आध्यात्मिक उन्नति करते हैं। खोजी अपने घर पर भी आसानी से इन प्रवचनों व पुस्तकों का लाभ लेते हैं। यहाँ पर सरश्री के खुले प्रवचनों की कैसेट भी उपलब्ध होती हैं, जिनमें भेंट देने के लिए कैसेट्स हैं, जैसे—

- किसी की शादी हो तो 'तेज संसारी कैसे बनें' या 'संसार में कैसे जिएँ' कैसेट्स उपलब्ध हैं।
- यदि कोई जीवन-मृत्यु के रहस्य जानना चाहते हैं तो उनके लिए 'मृत्यु उपरांत जीवन' प्रवचन की कैसेट है।
- अगर कोई दुःखी है या कोई चिंता उसे घेरे हुए है तो उनके लिए कैसेट्स हैं—'दुःख की दवा', 'दुःख में खुश क्यों और कैसे रहें' तथा 'चिंता-मुक्त जीवन कैसे जिएँ'।
- बच्चों या बड़ों को किसी भी किस्म का डर सताता हो तो वे भी न डरें, क्योंकि उनके लिए है 'भय व चिंता-मुक्त जीवन कैसे जिएँ'।
- अगर कोई ज्यादा क्रोधी हो तो उनके लिए ज्यादा सोचने की जरूरत नहीं, क्योंकि उनके लिए है 'क्रोध से आजादी, मोह से मुक्ति' की कैसेट।
- हम अगर सबके साथ हँसकर, मिलकर जीना चाहते हैं तो उनके लिए हैं 'हँसते-हँसते कैसे जिएँ', 'आओ, जीना सीखें'।
- यदि आप अपनी जिंदगी में तुरंत खुशी पाना चाहते हैं, सभी दुःखों से मुक्त होना चाहते हैं तो सुनिए 'तुरंत खुशी कैसे पाएँ'।
- जो लोग ध्यान-साधना (मेडिटेशन) में रुचि रखते हैं, उनके लिए 'संपूर्ण ध्यान—222 सवाल पुस्तक + वी.सी.डी.' का सेट उपलब्ध है।
- प्रार्थना क्यों और कैसे करें, यह जानना हो तो प्रार्थना की कैसेट भी उपलब्ध है।

इन प्रवचनों का हम स्वयं लाभ लेकर दूसरों को भी इसका लाभ दे सकते हैं, जिसे हम कहीं भी ले जा सकते हैं, कहीं पर भी सुन सकते हैं। आप घर पर हों, सफर कर रहे हों तो भी सुन सकते हैं।

टी.जी.एफ. में कान यानी श्रवण का महत्त्व बताया जाता है—प्रवचन कान के द्वारा सेल्फ के लिए वह खाना है, जो कभी समाप्त नहीं होता। जैसे-जैसे नई टेक्नोलॉजी आ रही हैं, उसी तरह तेज ज्ञान में भी प्रवचनों की वीडियो कैसेट, वी.सी.डी., ए.सी.डी., एम.पी.3 उपलब्ध हैं। कई स्थानों पर केबल्स पर भी प्रवचन होते हैं।

हम एक सप्ताह में कम-से-कम सौ से अधिक घंटे असत्य का श्रवण करते हैं, यह तो अच्छा है कि असत्य के शब्दों में ज्यादा शक्ति नहीं है, वरना हमारा जीवन अंधकार में डूब गया होता; मगर सत्य के शब्दों में शक्ति है। अगर हम सप्ताह में कम-से-कम एक घंटा भी सत्य का श्रवण करें तो वह सौ घंटे के असत्य के श्रवण को तोड़ सकता है। इसलिए सही समय का लाभ लें, अपने नजदीकी श्रवण-स्थान में संपर्क करें और महाआसमानी ज्ञान प्राप्त करने के लिए तैयार हो जाएँ।

प्र. 11 : जिनका संपूर्ण जीवन अध्यात्म में ही बीता हो, उन्हें सीधे अंतिम सत्य क्यों नहीं बताया जाता ? उन्हें सीधे महाआसमानी शिविर में प्रवेश क्यों नहीं दिया जाता ?

1. सत्य बताना नहीं, आपके जीवन में उतारना है—

इस संस्था का एक मात्र उद्देश्य है आपके जीवन में सत्य को पूर्ण रूप से उतारना। जैसे एक बार किसी शिष्य ने अपने गुरु से पूछा, 'क्या आपको अनुभव मिला है ?' इस पर गुरु ने जो जवाब दिया, वह मनन करने योग्य है। गुरु ने कहा, 'आपको जवाब बताऊँ या फिर खुद उसका अनुभव करवाऊँ ? क्या आप अनुभव के शब्द चाहते हैं या अनुभव को अपने जीवन में उतारना चाहते हैं ?' आज सत्य के बारे में बतानेवाले बहुत सारे लोग हैं, मगर अनुभव को लोगों के जीवन में उतारनेवाले गुरु बहुत कम हैं।

2. प्रणाली से तेजगुरु के साथ तालमेल (ट्यूनिंग)—

तेजगुरु के साथ ट्यूनिंग होने के लिए समय देना जरूरी है। इस समय को तैयारी कहा जाता है। वह तैयारी है अंतिम सत्य ग्रहण करने की।

अगर तैयारी के बाद अंतिम सत्य प्राप्त होने जा रहा है तो हर एक से धन्यवाद ही निकलेगा। सत्य सुनना और सत्य के बारे में सुनना दोनों में अंतर होता है। आज तक हम सत्य के बारे में सुनते रहे हैं, जैसे—कथा-कहानियाँ। मगर अब सत्य सुनने के लिए आगे की तैयारी करना और गुरु के साथ, गुरु के शब्दों के साथ तालमेल बिठाना है।

3. खिचड़ी ज्ञान से मुक्ति—

यह बिलकुल सही है कि हमने अध्यात्म के बारे में बहुत सुना या पढ़ा है।

परंतु जो कुछ भी हमने सुना व पढ़ा है, वह केवल मन के दायरे तक ही सीमित है। हर बात को हमने सिर्फ मन से जाना है। जो हमें अच्छा लगा, उसे हमने अपनाया और उस पर काम किया। हमने कई सारी बातें एक साथ सुनी हैं, इसलिए शुरुआत की कुछ बातें और कुछ उच्चतम बातें, इन सबका मिश्रण हमारे मन में है। इसे ही 'खिचड़ी ज्ञान' कहा गया है।

खिचड़ी ज्ञान से मुक्ति का वास्तविक अर्थ है यह समझना कि कौन सी बातें शुरुआत की हैं, कौन सी बातें उच्चतम हैं और असली अध्यात्म क्या है ?

4. कोरे कागज पर लिखना आसान होता है—

आप जानते हैं कि अगर बच्चे की स्लेट पर लिखना है तो वह कोरी होनी चाहिए, वरना लिखी हुई बातें उसे समझ में नहीं आएँगी। वैसे ही अगर पहले से ही खोजी का मन सत्य की जानकारी से भरा है तो जब भी उसे कुछ नया सीखना होगा तो वह उस नए आयाम को जगह नहीं दे पाएगा। ऐसा होना स्वाभाविक है।

हमारी स्लेट पर पहले ही बहुत कुछ लिखा है, अब उस पर अंतिम सत्य लिखना है तो पूरा मन खाली होना चाहिए। यह तैयारी हमारे मन को खाली करने के लिए ही है, ताकि हम सत्य को जैसा है वैसा ग्रहण कर पाएँ और पृथ्वी पर काम करके अपना जीवन सफल कर पाएँ।

प्र. 12 : समझ (अंडरस्टैंडिंग) यानी क्या ?

सत्य के अनेक मार्ग हैं—जप, तप, तंत्र, मंत्र, कर्म, धर्म, भक्ति आदि। परंतु इन सभी मार्गों के अंत में जिस ज्ञान का अनुभव होता है, वह एक ही 'समझ' (अंडरस्टैंडिंग) है। वही समझ हमें अंतिम सत्य की ओर ले जाती है। फिर उसे आप स्वानुभव कहें या ईश्वर अनुभव कहें। स्वानुभव के बाद सरश्री यही समझ दे रहे हैं कि सभी मार्ग, जो सत्य की तरफ ले जाते हैं, उनकी 'लुप्त कड़ी' यह 'समझ' ही है। सत्य पर जाने के सभी मार्गों की शुरुआत अलग-अलग है; परंतु अंत सभी का एक ही है, जो है यह 'अंतिम समझ' है, क्योंकि समझ ही अपने आप में पूर्ण है और इस समझ का पर्याप्त मार्ग श्रवण है।

प्र. 13 : क्या यह समझ सभी लोग प्राप्त कर सकते हैं ?

यह संभव है, क्योंकि वह चीज जिसकी चर्चा हो रही है; वह सबके अंदर मौजूद है, किंतु सबसे पहले उसे जानने की इच्छा जाग्रत् होनी चाहिए। जिसमें

वह इच्छा जाग्रत् नहीं होती, जिसका मन गीली लकड़ी की तरह है, जो सुनने के लिए तैयार ही नहीं है, उसमें वह समझ नहीं आ सकती।

प्र. 14 : यह संस्था कैसे कार्यरत है ?

1. संस्था को कार्यरत रखने के लिए व्यक्तित्व विकास से संबंधित फाउंडेशन कोर्सेस लिये जाते हैं। जैसे—Happy Thoughts Foundation (H.T.F.C.) Course : Personality Development, Mind Science, Human Relations, Memory & Super Learning Methods, Public Speaking & Communication Skills. Spoken English with Memory Course, Power of Your Subconscious Mind Course, Seven Keys of Success Course, Money Course, Shifting Seminar, Reiki Seminar, Husband-Wife Seminar, Inner Beauty Seminar & Child Psychology Seminar.

   जिसके शुल्क का अधिकांश हिस्सा संस्था के कार्यों में इस्तेमाल होता है। इसके अतिरिक्त तेज ज्ञान का लाभ पाकर आनंदित जीवन व्यतीत करनेवाले खोजियों द्वारा अलग-अलग रूप से सेवाएँ दी जाती हैं, जैसे—धन-सेवा, श्रम-सेवा, समय-सेवा इत्यादि।

2. **पुस्तकें व कैसेट्स वितरण :** तेज ज्ञान फाउंडेशन द्वारा प्रकाशित आध्यात्मिक पुस्तकें व प्रवचनों की कैसेट का वितरण उचित मूल्यों में किया जाता है।

3. **अनुदान :** तेज ज्ञान के ऐसे खोजी, जिन्हें लाभ हुआ है, वे अपनी आमदनी से कुछ भाग संस्था को अनुदान देते हैं।

   उपर्युक्त सेवाओं के अलावा कुछ साधक अलग-अलग तरह की सेवाएँ देते हैं। यह सेवा 'एक प्रतिशत सेवा' के रूप में दी जाती है, जिसमें खोजी हर माह एक प्रतिशत धन-सेवा, समय-सेवा, श्रम-सेवा इत्यादि देते हैं। यह एक प्रतिशत सेवा तेज ज्ञान को आगे बढ़ाने में बहुत बड़ा योगदान है।

□□□